DISCOVRS DES MOYENS D'ESTABLIR VNE PAIX EN LA CHRESTIENTÉ PAR la reunion de l'Eglise pretenduë reformee à l'Eglise Romaine.

Proposez à Monseigneur le Cardinal Duc de Richelieu, par le Sieur de la Milletiere.

TRADVIT DE LATIN EN FRANCOIS.

Ensemble les lettres des Ministres du Moulin & Riuet, & les responces dudit sieur de la Milletiere.

A PARIS,

M. DC. XXXV.

A MONSIEVR DE LA MILLETIERE

MONSIEVR,

Je confesse qu'on ne peut traduire le discours que vous auez fait à son Eminence, auec toute la grace & l'embellissement que vous luy auez donné en vne langue qui vous est si naturelle & si familiere. Mais il faut aduoüer aussi que ce seroit vne injustice bien grande de priuer vne bonne partie du public de la connoissance de vos beaux raisonnements, de vostre loüable dessein, & du Zele que vous auez au bien public. C'est Monsieur ce qui m'a engagé à ceste version, qui ne pouuoit attendre la beauté de ses traits naturels que de son ouurier mesme. Au moins vous me sçaurez bon gré, que j'aye essayé de tomber dans vos sentimens, & si je m'en suis esloigné quelquefois, c'est par la disgrace d'estre mesconnu de vous. Outre que vous serez bien aise que toutes les loüanges legitimes que vous donnez à nostre Grand RICHELIEV, soient connuës de toute la France comme est sa vertu. I'y ay adjousté les lettres de du Moulin & de Riuet Ministres, afin que l'insolence du premier re-

connue, donnast plus d'esclat à vostre modestie & à vostre prudence. Et que tous ceux du party que vous tenez encore qui murmurent contre vous s'en allassent au Moulin chargez de leur honte & de leur ignorance. Excusez neantmoins celuy qui attendant les pieux effects de vos propositions se dit ce qu'il est,

MONSIEVR,

Vostre seruiteur bi[illegible]
humble N.

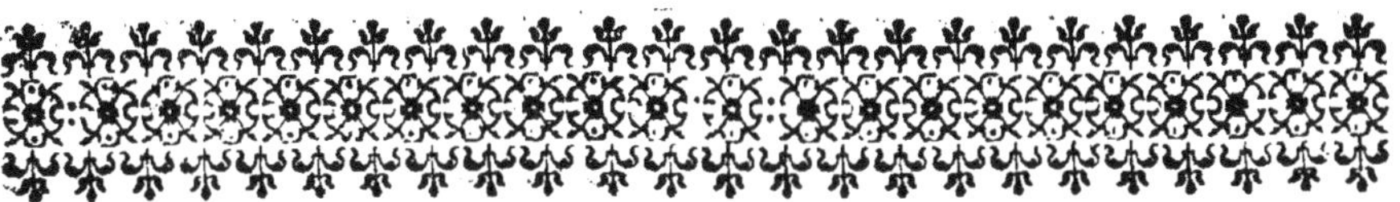

EMINENTISSIMO CARDINALI DVCI RICHELIO.

IRORVM EMINENTISSIME

Cum tot in te tantáque Deus Optimus Maximus dona contulerit, vt quem sublimiorem in terris virtutis ac dignitatis gradum naturâ suâ debilissima mortalium conditio consequi potest, hunc tu singulari diuinæ prouidentiæ beneficio adeptus esse videare: haud tibi mirandus, multóque minùs aspernandus ero, qui ad nobilissimum, tuarumque virtutum fastigio dignissimum jncœptum, eximias illas cùm animi tùm potentiæ tuæ opes hoc loco prouocare audeam. Nam quod in te suspiciunt omnes, quotquot imperij Gallici nomen, inuicti LVDOVICI *nostri virtute & auspicijs, te duce atque impulsore, pristino*

A L'EMINENTISSIME CARDINAL DVC DE RICHELIEV.

ONSEIGNEVR,

Le plus Eminent de tous les hommes puis que le Ciel vous a departy tant & de si grandes graces, qu'il semble que par vne prouidence diuine, vous soyez arriué au plus haut degré de la vertu, & de la grandeur à laquelle peut atteindre la foiblesse de la condition humaine. Vous ne desdaignerez pas & ne trouuerez pas estrange, que j'ose solliciter ce puissant Genie de vostre esprit & de vostre pouuoir à vne œuure excellente & digne de l'employ de vostre vertu. Car ce qu'admirent en vous tous ceux qui se rejoüissent ou s'attristent de voir souz les heureux auspices de LOVIS LE IVSTE, le nom de l'Empire François reprendre son éclat & son lustre par vostre conduitte & vigilance, c'est le

splendori restitutum lætantur, dolentue, illud ipsum est cuius impulsu hæc ad te verba facere non sum veritus. Profectò animo iam torpere nos oportet, nisi mentem aduertentes ad illam ingenij vim, & exquisitissimas sapientiæ artes, quæ te, insigni Regis ac reipublicæ commodo, ad hoc potentiæ culmen perduxerunt: in quo collocatus, tot tuis in rebus præclarè gestis, ad parem hactenus fortitudinis, prudentiæ, & felicitatis admirationem omnium oculos conuertisti: tandem aliquando, per te, singularem, necdum speratam, hoc seculo nostro, summi alicuius boni expectationem concipiamus. Quis enim, nisi hebeti plane ingenio, stupenda illa, administrationis tuæ tempore, toto pene Christiano orbe edita miracula circumspiciat, qui non eadem, vel prudenter tuis consilijs, vel diuinitus in tuorum consiliorum finem parta deprehendat. Quamprimùm ad hæc regni gubernacula, quæ faustè pariter ac peritè moderaris, Rex te vocauit, ciuilis discordiæ fluctus, annis ab aliquot

mesme qui m'asseure & me donne courage à vous faire ce discours. Aussi faudroit il auoir l'ame bien engourdie quand nous considerons ceste force d'esprit, & ce rare vsage de prudence, qui vous a esleué, pour le bien & la prosperité du Prince & de son Empire, au plus haut poinct de la grandeur, où par tant d'exploits signalez, vous auez arresté les yeux & les cœurs de tous les hommes, par vne esgale admiration de vostre courage & de vostre jugement, si nous ne preuoyons qu'en ce siecle où nous sommes, nous deuons attendre vn bien que tous les precedens n'ont jamais pû esperer. Car qui voit ces grands miracles qui ont esclatté presque par toute la Chrestienté, depuis que vous auez l'administration des affaires; Qui ne juge s'il n'est insensible ou insensé qu'ils ont esté sagement faits par vos Conseils ou bien de Dieu en leur faueur, & pour leur accomplissement. Si tost que Sa Majesté vous mit en main le gouuernail de toute la France, que vous maniez auec autant de bonheur que de prudence, vous auez en premier lieu calmé les flots des

retrò, occulto Hispanici austri perfidiæ afflatu primùm excitatos, eorumque, quorum pernicies sibi peti videbatur, formidine tùm resurgentes, statim compositis ad pacem rebus, vindicatâ interim in tumultuantium clade regiæ autoritatis famâ, sapientißimè compescuisti. Mox iterum, easdem, ab excitatis, occidui Britanniarum solis impulsu, ventis, commotas seditionum vndas, iniecto veluti fræno, ipsa rerum stupente ac pæne inuitâ naturâ, cohibuisti. Oppositâque ingenti consiliorum tuorum mole, omni inimico circumsæuientis sali fracto impetu, tandem inconcussam Regi regnoque tranquillitatem reddidisti. His interea ciuilibus procellis implicato Rege, Hispanicus astus rerum in Italia gerendarum opportunitatem ratus, pellecto in partes Sabaudo, dum Casali & Mantuæ imminet: tu protinus Rupellano ex animi sententiâ confecto bello, Regi voti compoti Alpes vt aduolet autor es. Illóque incunctanter transmißis legionibus, vnicâ impreßione perruptis fusisque hostium cu-

dissentions Ciuiles, excitez sourdement & couuertement par les bouffees, & par les suggestions Espagnoles, & encores les autres que la crainte auoit de nouueau suscitez : à ceux, qui se figuroient qu'on trauailloit à leur ruine. Ajustant tousiours les affaires aux termes de la paix, & releuant la gloire & le nom de la puissance Royale, sur la masure, & la ruine des seditieux. Incontinent encore vous auez arresté comme auec des rennes les tempestes & les orages de l'Occean esmeu par les vents des seditions que poussoit le Couchant d'Angleterre, auec l'estonnement & la violence de la nature : Et par les ressorts puissans, des Conseils que vous opposiez aux ennemis de l'Estat, vous auez conserué le repos de vostre Monarque & de son Empire, apres auoir dissipé les flots & les ondes d'vne mer en furie & en colere. Pendant que ces orages domestiques & intestins occupoient nostre Prince, l'Espagnol rusé croyoit auoir trouué l'occasion de s'aduancer dans les Italies, ayant mis le Sauoyard de la partie, mais lors qu'il iette ses yeux & ses desseins sur Casal & Man-

neis, deuictâ Susa nominis tui hinc amorem, inde terrorem toti Italiæ ostentauit. Exin conturbatis aduersariorum conatibus, repressóque omni cōsiliorum suorum molimine, ipsis adeò, cùm Regis armis, tùm inopinatâ præsentiâ victoriáque perculsis, pacis æquas & sociorum saluti optatas conditiones iniecisti. Atque è vestigio, ad consopiendas intestini incendij in Septimaniâ, reliquias, regresso Rege: nec mora, cunctis quæ restabant in tuā fidem receptis oppidis: metu magis, quàm rebellandi animo, exasperatos antea ciues, æterno deinceps clementissimi principis obsequio addixisti. Sed vix ob tantos, breuissimo temporis spatio, superatos labores, dulci plausus acclamationisque, in tuum charissimum caput, toto regno, congestâ adoreâ, in ouantis, teque complexi, Regis tui sinu perfruebaris: tum ecce tibi, nouo Galliarum Herculi, repente insurgunr alter Eurystheus & altera Iuno. Hîc te iam indignissimis liuor obtrectationibus appetere. Hîc purpurati æmuli odium, & illius fraude

touë, apres la glorieuse issue de la guerre de la Rochelle, ioignant vos aduis à la resolution du Roy vous trouuastes à propos qu'il passast les Alpes, & sans retard y enuoyant des trouppes, d'vn seul choc & estonnement apres auoir deffait les ennemis & pris Suse, vous laissastes à toute l'Italie de l'amour & de la terreur de vostre nom. Delà apres auoir rendu les efforts des ennemis inutils, & esuenté leurs desseins & leurs resolutions, vous leurs fistes receuoir des conditions de paix iustes & raisonnables & fort aduantageuses à vos alliez, tant ils estoient estonnez & intimidez des armes & de la presence inopinee du Roy. D'autre part, sans donner trefve à vostre labeur Sa Majesté retournee aux Seuaines, pour y esteindre le reste des incendies & des seditions intestines, vous receustes en vostre sauue-garde, tous les lieux & les peuples qui auoient esté poussez plustost d'aprehension, que d'enuie de se rebeller, & les attachastes indissolublement pour iamais au seruice d'vn Prince le plus clement de tous les Roys. Mais à peine goustiez vous les douceurs des acclamation

delusus, infandis quamquam olim infinitisque pæne meritis deuinctæ, tunc tibi primùm subiratæ Regiæ Matris animus, tuæ apud Regem gratiæ autoritatisque euersionem moliri. Dum coniuratus iterum cum Sabaudo Hispanus, Casali itidem & Mantuæ, manus tuæ nexu nuper compressis faucibus inhians, in subalpinis regionibus noui spargit belli semina, vnde tibi noua conquisitæ totâ Europâ existimationis admirationisque seges meteretur. Nam cuius tu dextrâ ad tantam euectus nunc es gloriam, quâ secundùm Regem dominumque tuum, cunctos Europæ proceres factis & nominis splendore superemines, hîc profectò numen (cui vni laudum tuarum acceptam gratiam pio gratissimóque animo referre soles) ingens illud theatrum tibi erexisse visum est, in quo totius Europæ gentes, christiani orbis arbitrium per te Regi fortissime vindicatum intuerentur. Et iam, superioris temporis probro, diu nimium insolescentis Iberiæ superbiam retusam cer-

clamatiõs & des applaudissemens de tout le Royaume, & receuiez vous les honneurs & les carresses de vostre Roy glorieux, pour vn monde de difficultez & de trauaux surmontez en vn instant, que vous voyez s'esleuer contre vous nostre nouueau Hercule, vn nouueau Aristee & vne nouuelle Iunon. Voyla l'enuie ce Monstre aueugle, qui commence à vous attaquer de ses impostures & de ses calomnies. Voicy la haine d'vn Empourpré vostre ennemy, & l'esprit de la Reine Mere preoccupé par son artifice, & esmeu cõtre vous, (quoy que vous l'eussiez obligee au delà de toute pensee,) qui tâchent de vous faire deschoir de vostre credit, & de l'amour que le Prince portoit à vostre merite. Alors que l'Espagnol joint de rechef auec le Sauoyard abbayant apres Casal & Mantouë, souz le dernier effort de vos mains qui luy fermoit la bouche, semoit au delà des Alpes des nouueaux suiets de guerre, de laquelle vous deuiez recueillir vne riche moisson d'honneur par toute l'Europe: Car ceste Diuinité à là laquelle vous referez de bon cœur, les aduantages de vos loüanges,

nerent. Suosque, quibus potissimum intumescebat, famigeratissimos exercituum duces, ante aras tibi extructæ hâc militia famæ, tanquam victimas occumbere spectarent. Sic inclytus ille Spinula tanta belli laurea clarus, dum suas artes tuis potioribus superari sentit, & genium suum virtuti tui cedere, quasi vitæ pertæsus mœrore contabuisse visus est. Et cum æquatam cœlo palmam tuam, etiam natali in solo, lauros obumbrare suas haud æquo animo pateretur, ipse non iniquo ad inferos commeauit. Sic longo pridem interuallo Gallorum Hispanorúmque armis concurrere visis, ibi tum tuo ductu atque auspicijs, repetito marte, Auilianæ Carinianique ager, cùm Hispanis acceptæ cladis, tùm reportatæ Gallis victoriæ, monumento factus est insignis. Sic Gallorum ducum fortitudo, militúmque virtus, ad Casale pugnæ impatiens, & cominus congrediendi auida, Hispanorum contumaciam, fossæ & valli & copiarum multitudinis

dont la dextre vous a esleué à cét estat de gloire auquel souz vostre Roy & Seigneur, vous deuancez tous les grands de l'Europe, par vos exploits & par la splendeur de vostre nom, vous a veritablement dressé icy ce magnifique theatre où, toute l'Europe pût voir que vous auez courageusement conserué à vostre Roy le droict qu'il a sur toute la terre, & matté la pompe & la superbe de l'Espagne, qui auoit esté long-temps insolente à la confusion des siecles passez. Et qu'elle vit encor ces fameux Capitaines qui la rendoient sourcilleuse estre presentez en ceste armee comme des victimes & des sacrifices, sur l'Autel de vostre renommee. Ainsi l'on vit ce braue Spinola comme s'il eust esté las de viure, desseicher de regret & de tristesse, si tost qu'il s'apperceut que son industrie & son experiéce estoit contrainte de ceder à la force de vostre prudence, & que son genie estoit de beaucoup inferieur à vostre vertu; Et comme il souffroit à contre-cœur, que vos palmes esleuees iusques aux Cieux, estouffassent ses lauriers en son propre

conscientia nonnihil ferocientem, quas ipse scripseras pacis conditiones, vrbis potiundæ voto demum præferre coegit. Sic jura sociorum conseruata. Sic ipsa Mantua, non alia de causa in hostium manus deuenisse visa, quàm vt indita lege, Regisque arbitrio, nil contrà reniti Austriaco Hispanoque ausis, domino suo post modùm splendidiùs restitueretur. Sic Casale hostium ereptum cupiditati, & obsidione liberatum, in perpetuam Italicæ libertatis tuitionem regio præsidio firmatum est. Sic Sabaudus suarum prouinciarum ditione trepidauit exui, iam pæne cunctis (demptis vna aut altera) tùm ciuitatibus, tùm munitionibus in Regis potestatem, seu vi, seu deditione redactis: vt hoc luculento iterato exemplo tandem aliquando disceret hæres, cui non nisi nutu & liberalitate Regis, solo iam paterno potiri contigit, vtrumne Hispaniæ an Galliæ tutela sibi demum potior esset. Sic Pinariolum quamquam victricibus armis occupatum,

païs, il suiuit franchement la derniere route des mortels. Ainsi souz vostre conduitte & gouuernement ayãt renouuellé la guerre auec l'Espagnol, qui auoit esté long-temps interrõpuë le champ de bataille à Villane, & Carinam fut celebre & remarquable pour la victoire & les aduantages qu'eurent les François sur les Espagnols. Et de ceste façon le cœur des Capitaines François & le courage de leurs soldats qui ne desiroient que le cõbat, & s'impatientoient d'entrer dans Casal, firent souzmettre la grauité & l'orgueil Espagnol, auec toutes leurs trenchees & fortifications garnies d'vn grand nõbre de gens, de preferer les conditions de paix que vous leur ordonniez à la possession d'vne place, qu'ils auoient si long-temps desiree. En ceste sorte la liberté de vos alliez fut conseruee, & Mantouë se semble ne tomba entre les mains de l'ennemy, qu'afin qu'elle fut remise au pouuoir de son souuerain auec plus de gloire & d'esclat par le secours & la Iustice du Roy. Ainsi Casal affranchy de la tyrannie de l'ennemy, & liberé du siege par ces mesmes armes, reste pour

iusto tamen pretio persolutum est; vt iam ita juris factum Gallici, & Gallo munitum milite, jugem deinceps & expeditum in Italiæ inuasores aditum patefaceret. O Fortißime ARMANDE, *Galliæ decus eximium! Regiæ autoritatis assertor! Patriæ propugnator! libertatis fœderatorum vindex! juris restitutor! Quis furor, quænam vesania inuidorum tuorum cæcas egit mentes, qui, post hanc excelsam Gallico nomini per te partam laudem, justum à te seducere impares Regis animum, qui quoties Deum veneratur, te pietatis suæ præmium cogitat, & sibi munus cœlitùs concessum, ad Regis Matrem Fratrémque conuersi, parricidali veluti fascino ingenia eorum labefactarunt. Atque adeò ambobus, quid Regis, quid Reipublicæ, quid sua ipsorum interest oblitis, miseras mentes odijs in te iniquißimis exacerbarunt. Sed quid vafrities, quid coniuratorum dæmonum impetus, aduersus bona Galliæ fata, &, qui te*

iamais l'Asyle & l'appuy de toute l'Italie. De mesme le Sauoyard a eu vne peur extréme de perdre son pays, toutes ses munitions & ses villes, fors vne ou deux ayant esté forcees, ou remises entre les mains du Roy, à ce que par ce second & signalé exéple son heritier qui ne peut desormais iouyr de son pays que par la Clemẽce & liberalité du Roy, aprist qu'elle estoit l'appuy plus fauorable, celuy de la Frãce ou de l'Espagne. De mesme façon Pignerol, quoy qu'il fust pris de force, a neantmoins esté achepté & payé, afin qu'estãt du domaine du Roy & gardé par les Frãçois: il entretint vn libre & eternel passage pour rãger ceux qui en voudroiét à l'Italie. O ARMAND, l'honneur de la France, soustié de l'authorité du Roy, Bouclier de la patrie, Conseruateur de la liberté des alliez, Restaurateur de la Iustice, Fleau des ennemis de l'Estat. Quelle manie ou quelle lacheté trouble le iugemét de vos enuieux, qui apres vous auoir veu conduire la France à vn degré signalé d'hõneur & de gloire, se trouuans trop foible pour vous desrober les bonnes graces du Roy, qui vous croit en tous ses

sospitat. Dei consilia posset, Marilliacorum docuit exitus. Docet etiamnum horum qui supersunt mali incentorum, illa quæ toties tuum Sanctissimum caput propudiosis frustra petiit conuitijs, & absque Deo foret, peteret gladijs, ipsa interim suorum iusta scelerum vindex, sibi conscitis exilio & fame efferata rabies. Tu tamen, in hoc laborum tuorum, & per eos amplificandæ Regis regnique gloriæ curriculo, nullo remoratus offendiculo, elementorum instar quorum nobilior mirabiliórque virtus est, quò validior obijcitur obex, eò vehementior insurgis, & quidquid obuiam factum est perrumpis, insuperabili illa qua polles animi fortitudine, ad metam instituti tui indefessus contendens. Testis huius Lotharingia, vetus illa omnium Hispanicarum aduersus Galliam fraudum technarúmque officina, quæ per astutas objecti incauto Principi amoris illecebras, fraterni in domo regia dissidij fomite accenso,

mouuemés Religieux, le merite de sa pieté, & vn riche present du Ciel ; se sont retirez deuers la Royne Mere, & Monsieur, & par vn sort comme parricide ensorcelé leurs esprits, qui oublians ce qu'ils deuoient au Roy, au public & à leur naissance, ont iniurieusement, esmeu contre vous les mauuais esprits de la France. Mais la fin des Marillacs fait bien voir à quoy seruent ces artifices, & tous les efforts des demons coniurez contre le bó-heur de la France, & les decrets d'vn Dieu qui vous protege. La rage des boute-feux qui restent, celle qui en vain a vomy tant d'outrage & tant d'infamie contre vous, & qui eust attenté à vostre personne sans la protection d'éhaut. C'est elle encor qui a végé leurs propres crimes sur eux mesme, par le bannissement & la faim. Et toutefois dans ces occasions & ces proiects d'accroistre la gloire du Roy, & le bien de l'Estat, vous n'auez ployé souz aucuns obstacles, & comme les Elemens se renforcent de tant plus qu'ils sont agitez & contraints, vous auez franchy tout ce qui s'opposoit à vostre dessein, & tout conduit à la

noua ciuilis in Gallia cudebat instrumenta belli, cùm tu occupato infido veteratoris Ducis consilio, non tam armis, quàm animo imparem atque imparatum opportunè aggressus, hàc obrepentes in caput nostrum omnes Iberię artes derepente oppreßisti. Ipsúmque quid ageret consilij inopem, ex munitioribus ditionis suę propugnaculis quatuor tùm primùm, in datę fidei, iuratique in posterum obsequij pignus, Regi tradere coegisti. At quantùm profuit hoc tuum mirę solertię & celeritatis opus, mox breui ostendit continuò exortum, eadem Hispanica fraude, in Septimania belli incendium: cui tempestiuè restinguendo accurrens, quanta sit consiliorum tuorum felicitas, & quàm secundus ea prosequatur diuinę aurę afflatus, Regi non ignaro experimentum dedisti: Cuius armis indiuulsa victoria comes, impauidum Martis alumnùm, cui vni aut stabat, aut cadebat alea belli, dùm se incomitatum discrimini obijcit,

perfection selon vos souhaits par l'admirable & inuincible force de vostre esprit. La Lorraine en rend tesmoignage, ce vieil magasin des artifices & des fraudes de l'Espagne contre la France, qui apres auoir allumé vn feu de discorde entre les freres dãs la maison Royalle, charmant vn Prince peu ruse par des attraits & des charmes de certains amours illegitimes. Forgeoit de nouuelle matiere de guerre dans la France, quand ayant empesché le conseil perfide d'vn Duc factieux, & l'ayant tres à propos attaqué moins dissemblable en force & en armes, qu'é courage & preuoyance, vous auez arresté tous les ressorts que l'Espagne faisoit ioüer contre nous, & contraint vn Prince peu consideré de remettre entre les mains du Roy pour asseurance de ses foy & hommage, les quatre plus importantes places de son pays, mais l'on connut bien tost apres combien auoit esté aduantageuse ceste expedition, en la guerre allumee aux Seuaines en mesme temps, par l'artifice de l'Espagnol à laquelle remediant à propos, vous fistes voir au Roy des-ja trop informé, combien est heureu-

& inauſpicatò ſolus aduerſa tentat perrumpere agmina, innumeris pęne vulneribus, & ni fata obſtarent, lethalibus confoſſum, captumque Nemeſi obtulit. Cuius te placitis, in illius acerbo fato, non ſine gemitu, non ſine lacrymis, pro qua tu laboras ſollicitudine, ne quid Regia Majeſtas detrimenti capiat, eius vindicandę ſtudium parere compulit. Sed neque Gaſtonem per te reconciliata cum Fratre gratia continuit, quominus Lotharingo facilem nimium rurſus daret aurem. Neque Lotharingum iam ſemel datę temeritatis ſuæ pœnę, quin, ad inauſpicatas coniugales tędas Gaſtone accito, in ſe mali extremam arceſſeret labem. Nam tu, quem aſſiduę de auerruncando nobis ingruente vndequaque damno curę circumſtant, haud tuliſti raptum Regis Fratrem, & in hoſtium manus proditum, qui ſiue imprudens ſiue coactus ſe, ſibi, & Regi, & Reipublicę metuendo incommodo alligaret. Tantę ne-

ſe la ſuitte de vos conſeils, & comme ils ſont ſecondez du Ciel. La victoire qui ſuit touſiours ſes armes ayant pris ce genereux nourriſſon de Mars duquel ſeul deſpendoit le ſort de la guerre, tout couuert de playes preſques toutes mortelles, lors qu'il voulut ſe hazarder ſans conduitte & ſans aſſiſtance & s'efforcer mal'heureuſement de rompre nos eſcadrons, le ſacriſia à la Iuſtice, à laquelle vous fiſt obeïr, non ſans regret & ſans l'armes en vn accident ſi funeſte, le ſoing que vous auez de maintenir la puiſſance & l'authorité Royale, & empeſcher qu'elle fuſt en aucune façon intereſſee: Mais ny les bonnes graces du Roy que vous auiez procurees & renduës à Monſieur, ne l'épeſcherent pas de preſter encor trop facilement l'oreille au Lorrain, ny le Lorrain des-ja chaſtié vne fois de ſa temerité, de ſe precipiter dás ſa derniere diſgrace, ſollicitant Monſieur à vn mariage & à des nopces infortunees. Car vous qui faite ſentinelle pour deſtourner les maux qui nous menacét, vous ne peuſtes ſouffrir le rapt de Monſieur ny ſa retraitte aux pays eſtranges, qui ſoit qu'il fuſt

quitię vltor autorem petis. Et quę restabat Carolo, ditionis sedem, aggere & armis & milite munitißimam, Nancium, præsentis Regis imperio & ductu extemplò exercitu cinctam, circumductâque fossâ & vallo obsessam, pauenti Duci, & quid ageret nescio, pactis conuentis deditam exemisti. Et in cassum Austriaco Hispanóque frementibus, nilque opis contra ferre valentibus, ipsam cum reliquo regionis Imperio Regi mancipasti, tùm demùm Domino restituendam, si pactorum fidem seruasset. Qua, repetitis hostilibus ausis, postmodùm violata, repentina crimen expiatio consecuta est. Vnica pote, quæ supererat, colliculi munitione, actis cuniculis ad deditionem compulsa, omni deinceps reformidando Lotharingorum conatui, Gallorumque inde sollicitudini, vltimam hoc loco imposuisti metam. In qua collocatum tibi stat altare gloriæ perennis, cuius ad aras odorum ingémque lætitiæ atque ouationis

mal conseillé, ou qu'il y fust contraint, s'abandonnoit à vne extremité qui luy estoit preiudiciable & au Roy & à l'Estat. Vous chastiez bien viste l'autheur de ceste perfidie, quand vous auez receu du Duc Charles tout esperdu, d'espoureu de conseil & de courage, par vn traicté solemnel, Nancy la derniere & la capitale ville de son pays, quoy qu'elle fust bien munie de fortifications, d'armes & d'hommes, apres l'auoir en fort peu de téps inuestie en presence du Roy, & à la barbe de l'Empereur & de l'Espagnol, qui auec tous leurs efforts ne pouuant empescher vos desseins, ny la secourir, vous l'adioustates au domaine du Roy, en intention de la luy rendre vn iour s'il gardoit la foy & la religion du traicté, laquelle peu apres violee par des actes d'hostilité, le crime porta en crouppe son expiation: Sçauoir, par la redition de la Mothe son dernier refuge que nos mines auoient estonnee, & par là vous donnastes la derniere secousse aux efforts Lorrains, & terminates le soing & l'aprehension des François. C'est là où l'on vous a dressé vn autel autel de gloire immortelle *suffitum nomini tuo Francus adolebit, quamdiu antiquam Imperij Gallici per te productos limites ad Rheni ripam securus adiens, Germana cum gente sociatis dexteris, æternum tibi bene precatus, commutata, fallere nescij, sorbebit bacchi pocula. Hactenus,* ARMANDE, *Galliæ eximium decus, hisce delibatis coronæ tuæ flosculis, memoratum est mihi, quàm faustos sapientiæ tuæ inceptis, qui tibi semper adest, Deus reposuerit euentus. Nunc audi quam & quantam idem Optimus Maximus tuis consilijs ad optatum finem perducendis, perficiendísque, ipso veluti famulo fato, syluam præciderit. Tu magni illius opificis, & ad hoc quasi tibi redempti, ac velut cœlo commodùm delapsi, votis quidem illorum, qui te non satis cogitant, citiùs fortasse in cœlos regreßi, nunquam tamen famâ & nominis celebritate interituri* GVSTAVI, *arma, bella, pugnas, prælia, prostratas fusásque hostium acies, peremptósque Duces,*

immortelle que le François parfumera des odeurs de réjouïssance & d'allegresse en vostre nom, tandis qu'abordant en surté le riuage du Rhin, les anciennes limites que vous auez rendues à la France touchant en la main de l'Allemant, ils feront des brinques innocentes tour à tour à vostre santé. Desormais, MONSEIGNEVR, l'honneur adorable de la France, apres auoir embelly vostre Couronne de ces rares fleurs, je me remets deuant les yeux les heureux succez, dont le Ciel, qui ne vous abandonne jamais, gratifie vos iudicieuses entreprises. Escoutez maintenant quelle assistance, le mesme Tout-puissant & tout bon, vous rendant le Destin propice, a dóné à la conduite & à la perfectió de vos desseins. Considerez ie vous prie, les combats, les batailles, les conquestes, les citez assujetties, & reduites, les armées mises en deroute, les victoires, les triomphes, les Capitaines vaincus, les païs conquis, les Prouinces subjuguees par GVSTAVE, le Roy de Suede. Ce grand ouurier qui vous a esté comme enuoyé & donné de Dieu pour ceste occasion, trop tost retiré du monde, au grand regret de ceux qui vous honorent, & qui toutesfois viura éternellement par l'estendue de sa renommee. Tout ce que le courage inuincible, le iugement admirable, & la main glorieuse de ce grand HEROS a operé, tout cela vous regarde & tombe souz vostre direction & sous vostre sage conduite. Car vous sçauez fort bien comme l'Allemagne sourdement vaincuë, & presque reduitte. La maison d'Austriche, s'aduançoit fort à la cóqueste de toute la Chrestienté, alors que le Roy parmy les dissentions intestines & tant de guerres ciuilles trauailloit auec vn soin extreme à assoupir & à esteindre l'ardeur des Anglois & des Rochelois, L'Empereur ayant pris ceste occasion fauorable, le disposoit à donner dans l'Italie, & tournoit toutes ces forces de ce costé là, se figurant qu'il viendroit à bout de ses desseins, & qu'il pourroit bien tost la conquerir. En mesme temps pour vous soulager de la peine que vous preniez de pacifier ces troubles. Ceste lumiere du Nort vous darda les rayós de ses Conseils, & adiousta

victorias, triumphos, ciuitates, Prouincias, gentes denique marte subactas circumspice: totum id quod viuida virtus, mens intrepida, inuictáque dextera præstantissimi HEROIS *peractum dedit, quantum quantum est, tibi militat, tui iam vnius institutis famulatur. Enimuerò tute tibi probè conscius es, quemadmodum deuictâ retrò Germaniâ, & iam pene totâ sub iugum missâ, magnis itineribus ad totius orbis Christiani Monarchiam Austriacis contendentibus: cum in medijs ciuilis discordiæ fluctibus, aduersus Anglicanum Rupellanúmque æstum Rex ipse adhuc colluctaretur: & istiusmodi occasione, quæ sibi optatissima videbatur, captatâ, ijdem Austriaci, breui eorum votis, vt rebantur, cessuræ, potiundæque Italiæ, vim inferre parabant, eóque omnes suas vires iam conferebant: per idem tempus clarum illud sydus hyperboreum, ad te, componendæ huic nostræ tempestati tùm incumbentem, ar-*

canos consiliorum suorum porrexerit radios, tuóque lumini virtutique, lumen virtutémque suam, ad liberandam Christianam gentem, eámque sæuis teterrimæ illius tyrannidis vinculis eruendam, quantopere coniungere optaret, significarit; Atque vt confestim alter alterius inflammati ardore, inuicem consociatis animus, in idem studium parémque voluntatem conspiraueritis, efficiendi, vt operâ vestrâ, vestróque labore, tot molestiarum ærumnarúmque quibus premeretur grauissimarum onere solutus Christianus respiraret orbis. Tu protinus, quod erat proximum, ad hanc præclaram lauream excitato Regis animo, tùm quod suscipiendæ Gustauo expeditioni & difficultatibus amoliendis è re imprimis erat, vnus omnium Austriacas artes tua solertiâ deludere idoneus, per regios oratores ad primarios Germaniæ Principes, nec-non ad coacta tunc temporis Ratisbonæ comitia delegatos, ante omnia procurasti: vt grauiter factâ,

son esclat à vostre lumiere, & son courage à vostre generosité, & tesmoigna comme il passionnoit auecques deuotion de desgager la Chrestienté, & la tirer des horribles fers de ceste detestable tirannie. Et comme sans delay touchez d'vne mesme resolution, & d'vn mesme courage, par la conformité de vos desseins, vous eustes conclu d'employer vostre pouuoir pour deliurer le peuple de tant d'oppressions & tant de cruauté dont il estoit gehenné. Tout aussi tost vous qui estes seul capable de ruiner tous leurs projets, ayant en premier lieu resout l'esprit du Roy, & trouué le moyen d'engager le Roy de Suede en ceste expedition, & en faciliter l'execution, vous sollicitates à ce que l'on enuoya, des Ambassadeurs à tous les Potentats d'Allemagne, & à l'assemblee qui se faisoit pour lors à Ratisbonne. Afin que tous les Princes Allemans & les villes franches, pressassent instamment & vnanimement l'Empereur à ce que le Valstein n'eust desormais aucun commandement, & qu'il licentiast es troupes. A laquelle demande Ferdinand, auec vne pernicieuse & toute autre intention, croyant desia posseder toute l'Allemagne, & reseruant les armes du Valstein pour surprendre l'Italie. S'accorda, & ayant demis le Valstein de son Gouuernement, il connut tost apres que ses supercheries & ses finesses l'auoient abusé luy mesme. Quand Gustaue ce bel astre estant leué sur les nuages espais de l'esclauitude d'Allemagne. Nous vismes tous les interessez, & les esprits de ceux ausquels l'on faisoit ressentir la tyrannie, en mesme instant brusler de desir, & d'enuie, de recouurer leur liberté, & reunir leurs forces & leurs efforts par le courage de ce grand Capitaine, auquel Tilly qui viuoit sans pareil, auoit esté contrainct de ceder. Il le connut encor lors qu'il prit garde que vostre preuoyance & vostre courage seruoit de deffence & de forteresse à toute l'Italie, quand d'vne mesme terre ou d'vne mesme matiere (comme l'on dit) vous auez fait & estably Casal, Suse, & Pignerol, le rampart de la liberté de l'Italie, & en suite vous liastes d'vne foy inuiolable & par vne fauorable vnion, & vne saincte

apud Imperatorem, Principum Liberarúmque Ciuitatum intercessione, cunctis in id vnanimi contentione & nisu incumbentibus, atque acriter vrgentibus, Valstenius illicò Imperio exueretur, exercitúmque dimitteret. Quorum postulationi, quanquam dolosâ & aliorsum spectante mente, Ferdinandus, qui sibi domitam iam putaret Germaniam, in Italiæ seruitutem iisdem destinatis Valstenij copijs, morem gessisset: & Valstenium Imperio cedere iussisset: ipse vafrum sibi consilium conceptósque dolos, breui post tempore, sensit esse fraudi. Quando GVSTAVI *mox super opacam Germanicæ captiuitatis caliginem iubare exorto, vidimus extemplò captiuorum mentes animoso recuperandæ libertatis incalescere desiderio, & ab ingenti tanti Ducis virtute, cui statim impar Tilij virtus cedere coacta est, redintegratas vndequáque sumere vires. Sensit & idipsum, vbi mox Italiam vidit Sapientiæ & fortitudinis tuæ muro defen-*

Iam: quando tu vnâ, quod aiunt, fidelia, hinc, optimo cæmento, Susæ, Casali, & Pinarioli nouum Italicæ libertatis parietem construxisti: atque inde, Germaniæ proceres, cùm inter se, tùm cum GVSTAVO, *per initum* LVDOVICI *cum illo fœdus, fausto commercij glutino consociasti. Ex eo siquidem prudentiæ tuæ &* GVSTAVI *strenuitatis coniunctas operas quæ consecuta sunt miracula attonitus stupet vniuersus orbis. Vidimus ex illo res Austriacorum repente fluere, spémque illorum omnem retrò lapsam referri, quos iam tot acceptis subinde cladibus, tot amissis pugnis fractæ modò & attritæ vires, ipsos vel inuitos atque animo despondentes, tamdiu ambitæ Monarchiæ cupiditatem deponere cogant. Huc eos adegit insuperabilis dextra* GVSTAVI, *tribus commissis deuictisque iustis prælijs, vt qui nuper tamquam potitâ Germaniâ immoderato gaudio exultabant, nec-non Imperij totius Europæ mox adiungendi spe sese lactabant, ipsi nunc trepidi de salute certent.*

intelligence, les Potentats & Princes d'Allemagne ensemble, & auec le Roy de Suede à cause de l'aliance qui estoit entre luy & SA MAIESTÉ. A la verité ces merueilles qui ont succedé à vostre Prudence, & à la vigilance du Roy de Suede, ont donné de l'estonnement & de l'admiration à tout l'Vniuers. Deslors nous auons veu les affaires des Imperiaux aller de mal en pis, & toutes leurs esperances confonduës. Eux que la foiblesse apres tant de batailles perduës & de desrouttes, a contraint de quitter l'ambition qu'ils auoient il y a fort longtemps de commander toute la terre, & en faire vne Monarchie. C'est où les a reduit la dextre de GVSTAVE, apres trois batailles liurées & gaignées; De sorte que ceux qui estoient nagueres dans des joyes insolentes, comme s'ils eussent commandé toute l'Allemagne, & qui flattoient leurs esperances de la conqueste de toute l'Europe, Maintenant bien estonnez disputent de leur propre vie, & de leur propre salut. Mais si tost que ceste belle lumiere des Suedois, l'honneur & la gloire de son siecle, a eu quitté la terre, vous estes resté seul, mō Richelieu, pour acheuer ceste entreprise, & le fardeau dont vous partagiez la charge, en si bonne intelligence : est demeuré maintenant tout entier sur vos espaules. Courage Mon RICHELIEV, jettez les yeux où les destins vous appellent, souuenez vous des tesmoignages que le Ciel vous dōne de sa faueur, quand au mesme temps que la lumiere de ce bel Astre, qui auoit si peu duré fut eclipsée, toute la France ressentoit des frissons de crainte & de peur, de vostre maladie ; & croyez que le Ciel a entheriné nos requestes, qui demandoient vostre secours, parmy ces troubles & ces remuements qui trauailloiēt tout le monde : c'est pour cela que vos iours sont prolongez ; c'est pour cela que par vne grace speciale, vous estes reserué au Roy & à son Royaume, afin que ceste bonne esperance que vostre Conseil, & le Ciel en sa consideration, a donné à toute la Chrestienté de sa liberté, & de son repos, estant remise en son entier par vostre moyen, & restituée sous les heu-

Sed postquam ille Suecicæ gentis æternus splendor, sæculi sui alterum decus, terris desertis, superos petiuit, tu solus ARMANDE *suscepti modò restas operis redemptor, & quod coniunctis animis bipartitò antea gestabatus onus, nunc tui vnius humeris incumbit. Macte ergo animo quò te fata vocant respice. In mentem, quæso, reuoca, quodnam consilij de te sui cœlestis ratio monumentum dedit: quando fere sub idem tempus, quo clarum illud sydus, terris tantummodo ostensum, lumen suum occuluit, in valetudinis tuæ trepidatione tota cohorruit* Gallia. *Id nimirum puta tum precibus nostris fuisse diuinitus concessum, vt hîc tu nobis, tantarum sub pondere rerum fatiscente orbe, subsidio adesses. Ad hoc iam nobis impetratus viuis. Ad hoc tu Regi regnóque, diuino munere conseruatus, vitali frueris aurâ. Vt quæ, vel prudenter tuis consilijs, vel diuinitus in tuorum consiliorum finem, parta fuit Christianæ genti libertatis & tranquillitatis spes, per te tandem, Regis Christia-*

nissimi auspicijs restituta, & in perpetuum porrò constituta, nominis eius augusti celebritatem, beatámque tui memoriam æternitati consecraret. Verùm huic operæ pretio, quo non in terris aut augustius, aut sanctius vllum est, te solum parem per agendo datum, tantarum rerum fata vt ostenderent: ecce vt victrices hactenus, sempérque erectæ, Suæcorum palmæ, nunc post sublatum suum cacumen, ex plantæ scilicet ingenio, non modò exinde steriles, sed iam repente nonnihil mutatis belli in Germaniâ vicibus, nutantes modò & sub hostium suorum pondere cernuæ, in LVDOVICI, *quem vt suum solem meridianum iure merito spectant, fœlici æque ac potente dextera, quæ se tua sapientia firmat & regit, sibi omnem opem, subsidium, columénque quærunt. Non alio profectò exitu hanc nouissimam Austriacis Iberisque victoriam, præliorum arbitrum concessisse Deum opinari fas est: quàm vt libertatem Christianæ gentis, pro qua Sueci Germanique pu-*

reux auspices du Roy Tres-Chrestien, elle consacra à l'immortalité la gloire & l'estenduë de son nom, & vostre bienheureuse memoire. Mais afin que les destinées de ces grandes choses fissét voir que vous nous auez esté donné seul capable, pour l'acheuement & la perperfection, d'vne œuure la plus saincte & la plus noble de toutes les œuures. Voicy comme les palmes des Suedois, iusques icy glorieuses & triomphantes, apres la perte de leur tige, sçauoir par l'esprit de la plante, non pas seulement steriles & fanées, mais maintenant en vn instant vacillantes & courbées sous le faix des ennemis; par vn changement des affaires en Allemagne, demandent à LOVIS qu'elle enuisage, comme leur Soleil du Midy, le secours de sa puissante & bien-heureuse dextre, laquelle se meut & s'affermit par vostre prudence. Il faut croire que Dieu, l'Arbitre de la guerre, n'a donné la derniere victoire aux Imperiaux pour autre consideration qu'à fin que nos successeurs, quelques iours contents & glorieux fussent redeuables aux armes de L O V Y S, & au conseil d'vn

RICHELIEV de la liberté, de toute la Chrestienté, pour laquelle les Suedois & les Allemans font la guerre. Vous riez, ou ie me trompe, apres tant d'asseurance que le Ciel vous donne de sa faueur, confirmée par tant d'heureux succez: de la trop vantée & foible confiance que l'Espagnol donne au Lorrain., Qui a receu de Ferdinand (à ce que l'on dit) le Duché de Vitemberg, attendant s'il plaist à Dieu, qu'il luy rende son pays, que sa felonnie luy a fait perdre, apres qu'il l'aura arrachée des mains de LOVYS, comme il projette. Mais vous chastiez bien la furie de ce delict iniurieux à vous, & au Roy; Et quand il n'y auroit autre chose que le souuenir de l'ancienne amitié d'vn bon Prince, d'vn vieil amy, & allié de la Couronne, recherchant les effects de nostre premiere fidelité, vous le contenterez & le remettrez en toute asseurance, dans toute l'estenduë de ses terres, par les armes du Roy, auec vne faueur plus grande que n'eut son Ayeul Vldric, qui ayant esté despoüillé de son Duché par Ferdinand, Roy des Romains, y

gnant, vnius LVDOVICI, vniúsque ARMANDI armis, consiliísque, olim gaudentes acceptam nostri referant nepotes. Hanc tute diuinæ de te sententiæ fidem, iam tot prosperis ope cœlesti adeptis successibus confirmatam concipiens animo, rides, ni fallor, sufflaminatam Hispanorum viribus delumbem Lotharingi fiduciam. Quem nunc accipimus à Ferdinãdo in Vvirtembergici Ducatus possessionem missum, pignoris loco sibi collocatam, donec mutuò tradita ditionis suæ, quæ suo ipsius delicto iam nulla sunt, iura, per eundem Ferdinandũ, vt ariolatur, recuperanda, & ex LVDOVICI manibus, si Deo placet, extorquenda, ipsi postmodum restituantur. At at delirij, proh nefas! in inuictum Iustissimumque Regem, téque adeò, nimium contumeliosi vesaniam debita mercede mox pensaturus, vltor accedes; & si nil aliud esset, antiqui fœderis memor, boni Principis, veterisque socij, amicique nostri, sceptri Gallici priscam implorantis fidem, minimè frustraturus expectationem postulatio-

lationemque, cumulatiore beneficio, quàm quod iampridem, centenis ab hinc exactis annis, Vldricus eius atauus, à Ferdinando Rom. Rege patrio solio deiectus, per Landgrauium Francisci Magni auxilio & suppetijs redintegratus accepit, nunc eum beabis, arbitrio & armis LVDOVICI *Iusti in suas Sedes breui reducendum. Equidem haud paucos fuisse reor, bonarum partium studio flagrantes, quorum hæc nupera Suecorum clades non perculerit animum metu, ne iam quassatis attritísque viribus, vel prælium redintegrare, vel à reliquis, quas occupant vrbibus, hostium impetum arcere non idonei, ipsi conuasare, patriósque maturato reditu mox cogerentur repetere lares, atque ita vniuersæ, quacumque patet, Germaniæ, acceptis seruitij magis quam obsequij conditionibus, pristinum Austriorum Iugum denuo subeundum esset. Hæc adeò bonos formido, spes verò improbos & lætitia compleuerat, quod vtrorumque men-*

fut remis du Raingraue pour l'assistance & le secours de François le Grand; Ie croy aussi veritablement qu'il y en auoit fort peu de ceux qui ayment le bon party, qui n'ait esté touché de la derniere defaite des Suedois, & qui n'ait apprehendé, que trop affoiblis, ne pouuans plus se releuer, ny r'allier leur forces, ny defendre les villes qu'ils occupoient, ils fussent pressez de se rendre, ou bien de fuïr en Suede, & ainsi que toute l'Allemagne forcée de receuoir des conditions de seruitude plustost que de douceur, ne retombast sous la tyrannie de la maison d'Austriche. Ceste crainte auoit fort touché l'espoir des bons, & l'esperance & la joye celuy des meschans, parce que les vns & les autres preuoyoiẽt le feu d'vne guerre que l'Espagnol tenant le flambeau en main allumeroit au milieu de la France quand il luy plairoit, sçauoir que faisant gloire d'auoir traicté auec nostre GASTON, qui estoit extremément regretté & desiré de toute la France, luy ayant leué des gens & fait vne armée: Il nous menassoit de l'enuoyer pour commencer la diuision & la reuolte dans la France, pour en mesme temps ne redoutant plus le secours que nous dónons à nos alliez precipitant leurs victoires, ils s'efforcét de rentrer en la possession de la Monarchie vniuerselle. Mais cela vous esmouuant fort peu, vous receutes la nouuelle, de la deffaicte des Suedois, à Norlinguen, sans aucun changement, de mesme œil, & de mesme visage que vous regardez les subiects de vostre gloire. Car ce qui nous estonnoit, peu experimentez que nous sommes, Vous le faisiez lors à dessein, preuoyant bien l'aduenir, afin que nous deliurant de toute sorte d'apprehensions, vous donnassiez de la confusion & du desespoir à nos ennemis, & aux François vne joye veritable, & vne asseurance perpetuelle, laquelle nous ayant remis le courage, lors que sans y songer nous voyons MONSIEVR de retour, & que par vos Conseils, il est deueloppé de l'erreur fatale qui l'auoit separé trop long temps de son frere, & mis la France à l'abry des calamitez qui suiuoient ceste desunion. Nous esleuons iusques aux Cieux par nos loüan-

tem subiret cogitatio iam iam arsuri in ipsis Galliæ visceribus belli, cuius Hispani facem iactabundi præ manibus ostentabant, quandocúmque liberet iniiciendam. GASTONEM *quippè nostrum, cuius recuperandi desiderio, & anxietate omnis æstuabat Gallia, obstrictum sibi fœdere gloriantes, armis ad hoc datis, conscriptóque exercitu, se immissuros minabantur, qui regnum ipsum in partes factionésque scinderet: cum ipsi intereà securi, nostrique socijs subministrandi auxilij metu soluti, citatis victoriæ alis, quò, nuper deturbati, iterum anhelantes conscendere nituntur, ardua, iampridem affectatæ Monarchiæ, repeterent iuga. Tu verò, nulla hinc commotus solicitudine, de fuso deletóque ad Norlingam Suecorum exercitu, nil perturbatus neque animo, neque vultu, eâdem mentis constantiâ, & frontis serenitate, quâ tuæ gloriæ materiam spectare soles, nuntium accepisti. Nam quod in te stupebamus inscij, tu futuri con-*

ſcius id tum agebas, vt formidinis noſtræ ſublatâ causa, hoſtibus pudorem deſperationémque, ciuibus tuis perpetuam hilaritatem fiduciámque adderes. Qua nunc recreati, reducem GASTONEM *& qui, diuturno nimium diſsidio illum à Fratre diſtractum tenuit, errorem, fatalémque calamitatem, diuinis tuis conſiliis, quando id minùs expectabatur, ſuperatam conſpicientes, te Sapientiſsime* RICHELI*, tuámque admirabilem ſolertiam, & incredibile conſeruandi amplificandíque Regni ſtudium, omni laude, prædicatione, litteris, monumentiſque decorandum, in cælos tollimus. Enimuerò ſi quæ fuerant ægræ vel luxatæ Reipublicæ partes, nunc per te ſanatæ & confirmatæ ea iam perpetua conſtabunt Fratrum concordia, quam Regia caritas benignitáſque, cùm eius ſponte, tùm tuis monitis, in Fratris complexu paciſcitur & fouet, nullis poſthac ſuſpicionibus diuellendam. Hæc tuæ Sapientiæ proxima fœtura,* ARMANDE*, tanto patriæ*

ges nos eſcrits & nos recognoiſſances les ſoings incroyables que vous auez pour l'auancement de l'Eſtat. Car s'il a receu quelque diſgrace, vous y auez apporté les remedes par l'vnion eternelle & aſſeurée des freres, que la bonté Royalle a eſtablie, & entretient par voſtre aduis. Ce dernier fruict de voſtre prudence ayant cauſé vn ſi grand bien à ſa patrie, & rendu vn heritier au Roy & à la France, vous acquiert iuſtement le tiltre de pere de la patrie. Maintenant noſtre Empire eſtant affermy ſur ſes premieres colomnes par voſtre adreſſe, nous meſpriſons les rodomontades & les menaces Eſpagnoles. Deſia les Suedois & les Allemans nos alliez, ayant bien-toſt du Roy, le ſecours qu'ils vous demandent, croyent indubitablement par vn ſort reciproque vaincre l'ennemy, maintenant glorieux & chargé de leurs deſpoüilles, Nous ſommes aſſeurez que tout s'accommodera à vos conſeils, & que tout ſuiura vos intentions: Acheuez donc, s'il vous plaiſt ceſte œuure commencée rendez à chacun le ſien,

& la paix à la Chrestienté. Mais parce que les exemples des temps asseurent que l'on ne peut conceuoir ny attendre vne paix ny vne vnion stable & asseurée en la Chrestienté, si l'on oste les subiects de dissention, qui nous separent, sçauoir la differen-ce & la contrarieté de Religion. Croyez grand RICHELIEV, que c'est à vous à trauailler à ce chef-d'œuure, c'est le but de vostre carriere, c'est à ceste action (Monseigneur l'Eminentissime) que i'ose vous solliciter, vous considerant esleué à vn degré si haut, doüé d'vne doctrine, & d'vne prudence si grande, auec tous les auantages necessaires à ceste execution, par les heureux succez que le Ciel donne à toutes vos entreprises; Car afin que ie ne m'arreste point, que la paix & la liberté que les armes du Roy & vos conseils procurent à la Chrestienté, ne se pourra iamais obtenir, tant que nous serons desunis par l'interest de la conscience, qui a tousiours eu & doit auoir vn grand pouuoir sur les esprits. Vous sçauez que ce seul negoce vous deffendra des

præstito beneficio, Regi regnóque hærede restituto, te Patrem Patriæ meritò nuncupat. Iam per te Imperio nostro natiuis suis fulto columnis, Hispanos fremitus, & nuper intentatas minas inanésque terrores tuti quietíque contemnimus. Iam sociati fœdere amici, Sueci, Germanique, qui te nunc adeunt, Regis flagitantes opem fidémque maturato, quod ipsi deposcunt, auxilio subleuatos, nunc exultantem spoliantémque hostem reciproco marte mox se perculsuros euersuróśque indubiẏ sperant. Nihil iam consiliis tuis imperuium, nil votis tuis inexpugnabile confidimus omnes. Inceptum itáque persequere opus, sua cuique iura, communémque pacem Christiano orbi vindica. Sed quoniam tantam æui nostri fœlicitatem, neque animo concipi, neque adeò re percipi posse, (vt sarta tecta inter Christianos concordia tandem aliquando constabiliatur) cùm præteritorum, tum præsentium temporum exempla comprobant: nisi extincta priùs primaria eius, quo potißimùm scindimur, dißidij causâ, Religionis scilicet controuersiâ, & sententiarum, in eâ, diuersitate. Hoc iam tibi OPTIME RICHELI, *operæ prætium incumbere, hoc tibi pensum repositum puta, hoc tibi stadium cogita demensum. Hinc ego te, Virorum* EMINENTISSIME, *in excelsissimo humani generis gradu positum, summâ sapientiâ, summa doctrina præditum, omnibus ad hoc necessarij virtutibus & artibus instructum, quanta tibi fuerit hactenus omnium consiliorum incæptorúmque à Deo concessa fælicitas, mecum animo reputans, ad hoc nobilißimum, téque dignißimum institutum nunc prouocare, tibique suadere nullus equidem vereor. Nam vt prætercam communem illam orbis Christiani quietem libertatémque, in quam Iustißimi Regis arma consiliáque omnia, te duce, collimare perspicimus, nulla ratione haberi posse, donec ea quæ plurimùm semper in hominum animis valet, atque adeò valere debet, religionis*

calomnies de vos ennemis, qui estans des supposts cachez & couuerts de l'Espagne murmurent & crient tout haut, que la protection que le Roy prend des Lutheriens en Allemagne, ne peut s'acommoder à la Religion Catholique, & qu'on ne peut diminuer l'authorité & le pouuoir de l'Empereur, & de l'Espagnol sans interesser le sainct Siege, & esbranler la colomne de l'Eglise. C'est à la verité, comme personne n'ignore, ce qu'autrefois l'Espagnol a proposé, poussé d'vn zele Catholique afin que par vne occasion de discorde, en la Religion, comme autrefois, se faisant artificieusement vn chemin, feignant sa defense, pour venir à vne derniere authorité dans l'Europe, à quoy ils ont si fort trauaillé; Premierement à fin que la maison d'Austriche par la puissance de l'Empire, enuahit les terres & le Domaine des Princes Lutheriens, sous vn faux pretexte de maintenir & conseruer la Religion, & qu'en suitte ils excitassent vne guerre de feu, & de sang contre les Huguenots de la France, & que par l'ambition du Lorrain qui leur prestoit la main à ce suject, ils priuassent les Roys & leurs heritiers de leurs Royaumes, & ainsi se fissent Seigneurs de tout le monde. Ce qui fust indubitablement arriué, si Dieu n'eust suscité HENRY LE GRAND, (pere de LOVIS LE IVSTE) qu'il auoit destiné pour soulager pour quelque temps les affaires de la Chrestienté, s'il ne les restablissoit entierement, apres tant de troubles & de guerres estranges dont elle auoit esté cydeuant affligée. Mais ie croy qu'il n'y a personne si peu versé aux affaires, qui ne voye que la guerre, qui dure il y a quatre ans en Allemagne, n'a esté à autre subiect ny autre intention, qu'à fin que les affaires des Lutheriens ruynées de ce costé-là, la maison d'Austriche agrandie commandant vne nation aguerrie & genereuse, & s'estant estably vn puissant & dangereux Empire estendit ses limites iusques chez ses voisins, & s'estant elle-mesme fait l'Arbitre des peuples par l'augmentation de tant de forces, elle donna la loy à

conscientia dissociabimur: eam rem præterea vnam esse non ignoras, quæ in huius dissidij componendi susceptione, te maximè obtrectatorum tuorum calumnijs defendat, qui quidem occulti laruatique Hispanorum patroni idcircò mussitant, vel palam etiam obloquuntur, Euangelicorum in Germania à Rege susceptam protectionem cùm Catholicæ Religionis conseruatione stare nequaquam posse; nec Austriorum Hispanorumve in orbe Christiano autoritatem infringi, quin simul Romanæ sedis & Catholicæ Relligionis columna labefactetur. Verùm, quod nemini iam ignotum esse potest, id vnum Hispanorum iampridem Catholico zelo propositum fuit, vt per oborti, (anterioris seculi initio) in Relligione dissidij occasionem, hoc sibi callidè munito calle ementito videlicet Relligionis Catholicæ tuendæ obtentu, ad rerum summam in Europa potestatem anniterentur; quam in rem adeò sategerunt, primùm vt in Germania Imperij, quo ibidem Austriaci potiti sunt, autoritate, in Euangelicorum Principum ditiones, per fucatum vindicandæ Catholicæ Relligionis studium grassarentur: deindè vt in Gallia per districtam in Euangelicos ferri flammarúmque sæuitiam, turbarum causas & intestini belli semina, excitarent. Lotharingorúmque, qui, ad hoc, suam Hispanis locauerant operam, ambitione, Reges ipsos, regúmque heredes, legitima successione spoliarent: vt ipsi tandem hac via rerum domini euaderent. Quod & proculdubiò olim contigisset, nisi Deus, quem Reipublicæ Christianæ, tot lanienis teterrimísque bellis antea vexatæ, si non prorsus restituendæ, ad tempus saltem subleuandæ destinauerat, Maximum LVDOVICI *nostri parentem suscitauisset. Sed neque quemquam rerum, quæ nunc geruntur, adeò ignarum esse existimo, qui non perspiciat, diuturnum hoc bellum, quo, per quatuor fere iam continua lustra Germania vexatur, non alias initij sui causas habuisse,*

tout le monde. Si ce grand Dieu n'eust remis l'administration du Royaume à vostre prudence & à la force de vostre esprit, vous qui auez incité & porté le Roy, par vos tres-iudicieux & trés-saincts conseils, à conseruer le droict de ses alliez, à se demesler des fraudes de ses ennemis, & à maintenir la liberté de toute la Chrestienté. C'est pourquoy puis que les guerres qui l'ont deschirée depuis vn si long temps, n'ont pris leur source ny leur origine que du differend en matiere de Religion, il n'y a personne qui ne voye que s'il estoit accordé, ceux qui iusques à present ont recherché les occasions de remuer, pour le bien & l'auancement de leurs affaires, sous le pretexte de la religion, n'auroient aucun subiect de nourrir leurs desseins ambitieux, & l'on verroit l'esperance de la Monarchie à laquelle ils aspirent, ruynée de fonds en comble. A la verité l'on dira que c'est vne entreprise difficile, & quoy que tous les gens de bien le souhaittent, si est-ce que personne n'a encore trouué les moyens de trauailler à cet accommodement : Ie confesse à la verité, que ceste reconciliation a des difficultez tres grandes, & c'est à ce subiect que i'estime que vous la deuez entreprendre, puis que vous estes venu à bout des choses qui sembloient presque impossibles, au iugement de tout le monde. Ie ne sçaurois dis-je nier que ceste œuure ne soit espineux & difficile, toutesfois c'est vne chose digne de compassion de voir qu'au grand detriment de la pieté, & charité Chrestienne, pas vn de ceux entre les mains de qui Dieu a mis les moyens d'acheuer vne affaire de telle importance, n'a encore essayé ny donné ouuerture à vn si glorieux dessein : Mais afin qu'on ne pense pas que les propositions que ie vous fais soient vaines & inutiles, dans ce project que plusieurs trouuent peut-estre impossible & esloigné de toute sorte d'apparence, veu que par cy-deuant il s'est presenté des personnes qui ont donné plusieurs aduis pour la reconciliation des esprits au faict de la Religion, & pour terminer les differens, quoy qu'ils

non alium denique exitum fuisse habiturum, quàm vt rebus istic Euangelicorum collapsis, superiores facti Austriaci, in bellicosa gente exstructo dominatu, constanbilitóque potentissimo & formidoloso Imperio, limites eius in finitimas gentes producerent, & totius Europæ, per tantas sibi adiectas vires, facti arbitri, arbitratu suo reliquis omnibus legem darent : nisi te Deus Opt. Max. tanta sapientia tantáque animi fortitudine præditum, hisce temporibus, huic, qua fungeris, regni administrationi præfecisset, qui strenuum Regis animum, ad hostium suorum cauendas fraudes, & sociorum iura tuenda, communémque orbis Christiani libertatem vindicandam, prudentissimis ac integerrimis consiliis excitasti & confirmasti. Quamobrem, ea cum sit, in bellorum causa (quibus iam tamdiu Christianus laniatur orbis) dissidij in Relligione ratio, nemo est qui non videat, hoc si componatur, fore, vt qui hactenus, cupiditati suæ promouendæ, objectâ relligionis specie, turbarum occasionem quæsiuere, omni protinus ambitionis suæ argumento & consilio cadant, ipsisque tandem concupitæ Monarchiæ spes funditus corruat. Arduum verò, inquient opus, & quod, votis quanquàm bonorum omnium expetitum, nulli tamen hactenus voto neque conatui paruit. Arduum quidem fateor, idque idcirco magis tibi suscipiendum censeo, cui, quicquid cæteris arduum & difficile incidit, idipsum procliue semper & expeditum vbique paruit. Arduum, inquam, opus non infieior, attamen quod eorum alicui, quorum maxime interest, seu penes quos tanti moliminis facultas & autoritas à Deo reposita est, intentatum adhuc & inexploratum, maximo pietatis & Christianæ charitatis dispendio, iacuisse dolendum est. Ad rem verò naturâ suâ impossibilem, vel, quantumuis serio, pióque conatu insuperabilem, quod plerique fortasse autumant, ne te frustra adhortari videar; cum

ayent peu heureusement reüssi, & qu'ils ayent esté rejetté des deux partis sans estre escoutés. Ie croy estre obligé de proposer les voyes de cet accord, qui aboutiront à vne reconciliation & à vne reünion entiere des Reformez auec les Catholiques. Puis donc qu'entre les poincts principaux qui ont faict separer les Euangeliques & Catholiques, il y en a deux entre autres, qui contiennent principalement vn subject de la separation, ou bien les raisons & la necessité de faire vne Communion à part. Le premier de la primauté de sainct Pierre, & l'autre du Tres-sainct Sacrement de l'Eucharistie. I'estime que pour establir les fondemens de ceste reconciliation (que pas vn ie croy ne rejettera) il faut considerer que ces deux poincts, qui sont le subiect de nostre dispute, outre qu'ils sont des plus importans, ils ont cecy de particulier, qu'en l'vn les Euangeliques, non seulement sont diuisez d'opinion d'auec les Catholiques, mais aussi les Catholiques entre eux n'ont pas de mesme sentimens sur ce subiect. Et en l'autre non seulement sont separez de creance des Euangeliques, mais aussi les Euangeliques ne s'accordent pas ensemble en ce poinct. Outre cela, puis que tout le fondement de la Religion Chrestienne, & de la societé de tous les Chrestiens, consiste tant au gouuernement & en la police exterieure de l'Eglise, ce qui regarde la primauté de sainct Pierre, comme en nostre Communion auec Christ, ce qui touche le poinct du Sacrement de l'Eucharistie : il s'ensuiura necessairement que le nœud de ceste dispute estãt couppé, & ce procez terminé, chacun des partis qui ne s'est pû accorder iusques à maintenant, viendra à vnir son esprit sur tous les poincts des controuerses, & n'aura plus de sentimens contraires au faict de la Religion, estant collez & cimentez ensemble par le moyen de ceste reconciliation. Et de faict il sera aisé, si les Euangeliques dans ces deux questions viennent à s'accorder, aux choses qui les ont tousiours diuisez d'auec les Catholiques. Par exemple, au faict de la primauté de sainct Pierre, si les Euangeliques

nonnullos anteà viderimus, qui non exiguâ in conciliandis variis de Relligione sentẽtiis; componendóque dißidio, collocatâ operâ, felici parum successu ab vtrisque partibus deserti iacuere: quænam ego ratione, qui tanti incepti instigatorem hîc, apud te, me profiteri audeã, eam ipsam viam ineundam existimem, quæ ad piam solidámq; concordiam, & placidam firmámq; animorum consensionem Euangelicos cum Catholicis perducat, aperire & planum facere officij mei imprimis esse duco. Igitur cum inter omnia controuersiarũ capita, in quibus Euangelici à Catholicis diceßionem fecerũt, duo sint præ reliquis momenti longè grauioris, quæ totam in se, vel separationis, vel communionis legitimæ & necessariæ rationem continent. In quorum altero, de Petri primatu, in altero, de Sacro-sancto Eucharistiæ Sacramento quæstio versatur. In his primùm stabiliendæ concordiæ fundamenta collocanda censeo, à qua sententia neminem etiam recessurum arbitror. Hæc enim duo controuersia-

rum capita, præter rei ipsius, de qua in illis agitur grauitatem, id singulare etiam præ reliquis habent, vt in altero quidem non modò Euangelici à Catholicis, sed Catholicorum etiam alij ab alijs inuicem dissentiant. In altero verò non modò Catholici ab Euangelicis, sed etiam Euangelicorum alij ab alijs sententiarum diuersitate seiungantur. Præterea, cum Christianæ societatis siue Reipublicæ ratio, tàm in externo Ecclesiæ regimine, quod in quæstione de Petri primatu versatur, quàm in nostrâ cum Christo communione, quæ sacrosancti Eucharistiæ Sacramēti doctrinâ continetur, sita sit, ex ijs necessariò sequi oportebit, vt harum controuersiarum soluto nodo, & lite diremptâ, tùm singulæ partes, quæ iam à se inuicem dißitæ sunt, facili consensu, in mutuo Relligionis negotio coalescant, & firmo deinceps pacis concordiæque glutino consocientur. Iam verò in hac vtráque controuersiâ, Si, in quo discrepant à Catholicis Euangelici, ipsi in eodem consentiant;

auoüent franchement ce qu'ils ont iusques icy desnié, à sçauoir, qu'entre les douze Apostres Christ a donné la primauté à sainct Pierre, & ce par prerogatiue, & auec cet aduantage sur les autres, & donnée auec ce tiltre & condition : que non seulement elle seroit attachée à sa personne, mais aussi passeroit à ses successeurs.

2. De plus, qu'en donnant ceste primauté à sainct Pierre, qui estoit pour la fonction de sa charge, il n'a point eu esgard seulement à l'establissement & au pouuoir de fonder l'Eglise, & en la puissance de prescher l'Euangile, ce qui fait que la charge des Apostres est differente de la charge des Pasteurs ordinaires, mais aussi principalement au gouuernement de l'Eglise.

3. En somme, qu'en vertu & par les droicts de la primauté de S. Pierre, l'Euesque de Rome est tenu à iuste tiltre le successeur de sainct Pierre, au gouuernement de l'Eglise. Apres pour ce qui concerne le poinct du Sacrement de l'Eucharistie, il sera fort aisé si les Euangeliques tiennēt l'affirmatiue auec

les Catholiques des choses qu'ils ont niées. *A sçauoir.*

Que le Corps & le Sang de Christ est receu de Fidelles, non seulemét par l'ame spirituellement, mais aussi par le corps corporellement & charnellement.

2. Que la principale cause de ceste Communion corporelle par laquelle nos corps iouyssent du Corps & du Sang de Christ, est ceste Communion par laquelle nos ames participent & communiquent à l'Esprit de Christ.

3. Que la Foy n'est point proprement l'organe par lequel nous cómuniquons à la chair & au Sang de Christ, mais vne condition qui est requise & necessaire pour y pouuoir dignement communiquer, & auec le fruict d'vne regeneration spirituelle.

4. Que tous ceux qui manquent de la vraye foy peuuent bien communiquer corporellemét à la Chair & au Sang de Christ, toutesfois ce n'est que dans la chose, & pour parler proprement : materiellement, qu'ils y participent, veu que la vertu viuifique, qui est pricipallement en la Chair & au Sang du Sauueur est entierement esloignée de leur

verbi gratiâ, in quæstione de Petri primatu, Si quod hactenus Euangelici inficiantur, ijdem iam fateantur vltrò, I. Primò, Petro inter duodecim Apostolos primatum à Christo fuisse concessum, idque prærogatiuæ, & præ reliquis peculiare, eo nomine, ipsi datum fuisse, quod non modò in ipsius persona hæreret, sed ad successores etiam deuolueretur. II. Deinde Primatus Petro concessi, qui in eius muneris functione locũ haberet, rationem, non modò primariam illam Ecclesiæ constituendæ seu fundandæ facultatem, & Euãgelij primitùs promulgandi autoritatem, qua munus Apostolicum ab ordinariorum pastorum munere discriminatur, respexisse: verùm etiam perpetui Ecclesiæ regiminis causam potissimũ spectasse. III. Denique his de causis, Petri Primatus iure & ratione, Episcopũ Romanum in Ecclesia regenda meritò Petri successorem haberi. Porro in altera quæstione de Eucharistiæ Sacramento, si quæ adhuc negarunt Euangelici, ipsi iam sponte cum Catholicis affirment, vide-

licet. I. Primò. Corpus & sanguinē Christi, à fidelibus, nō anima duntaxat spiritualiter, sed corpore ipso etiā corporaliter recipi. II. Secundò corporalem istam communionē, qua corpora nostra corpore & sanguine Christi fruuntur, primariā causam esse communionis eius, qua animæ nostræ spiritus Christi fiunt participes. III. Tertiò fidem nō esse propriè organum quo Christi carni & sanguini communicamus, sed ad hoc requisitam & necessariā conditionem, vt ijs dignè, & cum regenerationis spiritualis communicemus. IV. Quartò, eos omnes qui vera fide carent, posse quidem corporaliter Christi carni & sanguini cōmunicare, reapse tamen, & si propriè loqui velimus, materialiter duntaxat eius fieri participes, cum viuificæ virtutis, quæ in Christi carne & sanguine inest formalis ratio penitùs absit ab eorum communione. V. Quinto, Dominum in instituendo, ad corporis & sanguinis sui communionem, Eucharistiæ Sacramento, verè & reapse panem & vinum in carnem & sanguinē suum mutasse, vt panis & vini loco, ipsum corpus & sanguinem suum, verè & reapsè,

Cómunion. 5. Que le Seigneur dans ceste institution du Sacrement de l'Euchariſtie pour la Communion de ſon Corps & de ſon Sang, a chágé veritablement & de fait, le pain, & le vin, en ſa Chair & en ſon Sang, afin qu'au lieu du pain & du vin nous prinſſiós ſon Corps, & ſon Sang veritablemét & reellemét.

6. Que le fruict que reçoiuent les fidelles de la Communion corporelle & ſpirituelle tout enſemble du Corps & du Sang de Chriſt, eſt afin qu'en ceſte vie ils ſoient ſanctifiez du corps & de l'ame, & qu'ils reçoiuent dans leurs corps & dans leurs ames, vn arre & vn gage aſſeuré de la remiſſion de leurs pechez, comme de la Reſurrectió, & de la vie eternelle qu'ils doiuét acquerir.

7. Derechef, Que le Sacremét de l'Euchariſtie pour la Communion de ſon Corps & de ſon Sang a eſté inſtitué de Chriſt afin qu'en iceluy pareillement, tout ainſi que le peuple Iudaïque auoit ſes Sacrifices Legaux & Moſaïques. De meſme l'Egliſe Chreſtienne euſt ſon vray & propre Sacrifice Euan-

gelique ſelon la difference de la Loy de l'Euangile, l'vne deſquelles a eu la figure & l'ombre des choſes dont elle a receu la verité & le Corps.

8. Que ce meſme Corps & ce meſme Sang de Chriſt qui eſt receu des fidelles par le Sacremẽt de l'Euchariſtie, eſt auſſi offert à Dieu en ſacrifice par l'Egliſe.

9. Que tout ainſi que ce ſacrifice de ſon Corps & de ſon Sãg que Chriſt a offert en la Croix à Dieu ſon Pere, a eſté vn vnique ſacrifice de redemption & de propitiation, qui nous a eſté vne fois acquiſe & meritée par luy. Pareillement ce meſme ſacrifice Euchariſtique de ſon Corps, & de ſon Sang, qui eſt offert à Dieu par l'Egliſe, eſt vn ſacrifice perpetuel & continuel de redemptiõ & de propitiatiõ pour en iouïr, & pour nous eſtre appliqué, Si diſ je maintenant les Euangeliques s'accordent en tous ces poincts, où il eſt aiſé de voir que toutes les opinions des Catholiques ſont contenuës & renfermées. Qui voudra nier que par ce moyen nous ne ſoyons venus à bout de

acciperemus. VI. Sextò, Fructũ, qui ex corporali ſimul & ſpirituali corporis & ſanguinis Chriſti communione à fidelibus percipitur, eũ eſſe, vt ipſi iam in hac vita corpore & anima ſanctificentur, & peccatorum ſuorũ remiſſionis, tum reſurrectionis & vitæ æternæ in corpore & anima adipiſcendæ arrhabonẽ certúmq; pignus percipiant. VII. Septimò, porrò Euchariſtiæ ſacramentum in communionem corporis & ſanguinis ſui à Chriſto fuiſſe inſtitutum, vt in eo quoq; quẽadmodũ antea populus Iudaicus ſacrificia ſua legalia & Moſaïca habuerat, ſic etiam Eccleſiæ Chriſtianæ ſuum verũ & propriũ eſſet ſacrificiũ Euangelicum, iuxta differentiã Legis & Euangelij, ex quibus illa figuram eorum & vmbrã, quorum hoc veritatẽ & corpus habuit. VIII. octauò, ipſum Chriſti corpus ipſumq; ſanguinẽ, quę à fidelibus per Euchariſtiæ ſacramentum recipiuntur, per Eccleſiã quoq; Deo in ſacrificio offerri. IX. Nonò, quemadmodũ illud quod Deo patri obtulit Chriſtus corporis & ſanguinis ſui in cruce ſacrificium, vnicum fuit redemptionis & propitiationis per illũ nobis ſemel partæ

& commeritæ ſacrificium: ſic etiam illud ipſum corporis & ſanguinis Chriſti Euchariſticum ſacrificium quod Deo per Eccleſiam offertur, perpetuum & iuge redemptionis & propitiationis, cuius in poſſeßionem mittimur, nobiſque applicandæ ſacrificium eſſe. His inquã omnibus, quibus liquet ſingula contineri quæ, in harũ quæſtionum vtráq; ad Catholicorum ſententiã pertinere videntur, ſi nunc ipſi adſtipulentur Euãgelici: erit ne qui neget, eo pacto negotium eſſe confectũ, & planam ea ratione aperiri concordię viam? Itaque vt in eo, in quo te adhortor, Vir omnium S A P I E N T I S S I M E *quantuláncunq; etiã operã meam tibi addicã: ipſe equidẽ, inquam, qui in Euangelicis lubens nomen profiteor meum, nec ab eorũ communione vel Attalicis cõditionibus dimoueri me patiar, in me futurũ recipio, vt illorum omniũ veritas tàm firmis nixa fundamentis, tamque ſplendido lumine conſpicua appareat, vt, niſi quis ſponte cęcutiat, in eam impingere, vel ſi lubens impingat, eandem vllo veriſimili argumento impetere non valeat. Quin etiã & illud confidenter addam, nullum in Euangelicis repertũ iri, qui iſtis omnibus lu-*

noſtre intention & de noſtre deſſein, & que par cet expedient facile on ne trouue vne ouuerture à vne voye d'accord & de reconciliation. C'eſt pourquoy (M O N S E I G N E V R) le plus ſage de tous les hommes, pour vous teſmoigner cóme ie m'engage à contribuer de mon trauail autant qu'il me ſera poſſible, dás ceſte meſme entrepriſe que ie vous propoſe, moy meſme qui fais profeſsion de ſuiure le party Euãgelique, & qui proteſte pour choſe du monde ne quitter leur cõmunion, Ie m'engage & me fais fort de faire paroiſtre auec tãt de lumiere, la verité de ces propoſitions, & de l'appuyer ſur de ſi fermes fondemens, que perſonne, s'il ne s'aueugle ſoy-meſme, ny pourra chopper, ou bien ſi volontairemẽt il y choppe, il ne la pourra attaquer par aucune apparẽte raiſon: Et meſme i'adiouſteray cecy hardiment, qu'il ne ſe trouuera pas vn des Euangeliques qui contredile ces propoſitions, & qu'il n'embraſſe la verité de toutes ces choſes, & qui n'y apporte ſon approbatiõ.

Au reste c'est à vous à me commander que i'entreprenne ceste ouurage, & l'esclaircissement de ces choses. En attendant ie supplieray vostre EMINENCE, comme elle reconnoist en ce dessein, mon esprit amateur de la verité, desireux de la paix, & passionné pour donner, s'il m'estoit possible, quelque lustre & accroissemét à vostre gloire, jaloux de l'authorité Royalle, & de la tranquillité du Royaume, & desirant auec passion de voir l'accomplissement de vos bons Conseils. Vous le preniez en bonne part, & que les souhaits que ie fais incessamment de vous voir arriuer à la digne recompense de vos trauaux, & à ceste eternelle Couronne d'honneur, vous le receuiez pour vn gage & vn tesmoignage de respect & de l'obeissance que ie vous dois. Ie prie Dieu vous conseruer en vne longue & heureuse vie pour le seruice du Roy, & le bien de son Estat. C'est le souhait de

Vostre tres-humble & obeïssant seruiteur, LA MILLETIERE.

bens calculũ non adijciat suũ quivĩ eorum omnium perspicuam perspectamq; veritatẽ nõ sit amplexurus, & suffragio suo cõprobaturus. Horum autẽ plenã tractationẽ elucidationémq; quandocũq; consiliorum tuorũ ratio id postulabit, vt aggrediar, vel etiam edã, iubere tuum est. Vnũ interim à te flagito, Virorum EMINENTISSIME, *vt quem in hoc instituto animũ meũ perspicis, veritatis amantem, pacis cupidũ, ornandæ amplificãdæque quod in me est, tuæ gloriæ curiosum, regiæ autorita- & regni tranquillitatis studiosũ ac in his omnibus tuorũ optimorũ consiliorũ promouendorũ desiderio flagrantẽ, æqui boníq; cõsulas, & quibus ego te, ad dignã illã tuis laboribus palmam immortalisq; decoris pulcherrimã coronã contendentem, votis prosequor, ea tu, tanquã intemeratę meę erga te obseruãtię integerrimiq; obsequij pignora, benigno corde suscipias. Deũ veneror, vt te Regi regnoq; vita incolumẽ, & ab omni seu vi aperta, seu cæco hostiũ tuorũ molimine tutũ, diutissimè seruet. Vale. viij. Kal. Nouẽb. Ann. S. 1634.*

EMINENTIÆ TVÆ.
Addictissimus.
T. B. MILLETERIVS

PREMIERE LETTRE DE MONSIEVR *Riuet à Monsieur de la Milletiere, sur le sujet cy dessus.*

MONSIEVR,

Vn homme notable en ce pays de vos amis & des miens me mandant qu'on luy escriuoit de Paris que vous auiez fait banqueroute à la verité, & que pour donner trop à l'homme vous oubliez ce que vous deuiez à Dieu, i'en receus vn tel estonnement que ie fus quelques iours sans me pouuoir resoudre sur cela. Depuis i'en ay apris quelques circonstances, lesquelles ne diminuent pas mon regret, mais elles y adioustent de la crainte que vous vous rendiez vn instrument plus dangereux que les aduersaires declarez, deschirant ainsi les entrailles de celle que vous faites profession de recognoistre pour mere, sous pretexte de la medeciner, & quitant aux ennemis les plus forts retrenchemens qu'elle ait pour iustifier sa separation, qui n'est pas les ramener à nous, mais nous tirer à eux pieds & poings liez. Ie n'ay point veu vostre escrit, mais selon qu'on m'en parle, il m'est impossible d'en conceuoir vn bon dessein, & ma charité ne se peut porter iusques là : Si fait bien à prier Dieu qu'il ne permette point qu'ayant commencé par l'esprit vous finissiez par la chair, & que vous ne donniez matiere d'attribuer vostre perseuerance parmi vos afflictiōs à vn autre que celuy de son Esprit. Ie sçay qu'en ceux qui sont siens ses dons & sa vocation sont sans repentāce. Mais il cognoist les cœurs de tous les hommes, & descouure les paroles equiuoques & les actiōs ambigues. Pensez bien en vous mesmes, Monsieur, de quel esprit vous estes mené. Vous sçauez assez qu'il y en a vn qui se deguise en Ange de lumiere, qui luy-mesme a esté Ange de lumiere en effect, & s'est precipité dans les tenebres. *Nemo repentè fit turpissimus.* Vous vous pourrez flatter au commencement d'vne belle esperance sur laquelle vous poserez des fondemens qui vous tromperont, & alors vous serez en danger de renuerser du tout le vray fondement. Quand on se met dans le penchant, on ne s'arreste pas quand on veut, mesme en ce fait on cesse de vouloir, & on se precipite gayement. Ie sçay bien que vous ne manquez pas de bons auis où vous estes, moins de bonnes & salutaires admonitions, & que les miennes n'entreront pas en grande consideration, si vous n'estes touché de tant d'autres plus proches & plus propres. Neantmoins i'ay creu deuoir ce coup de plume à nostre amitié, & ayant esté de ceux qui ont compati aux afflictions qui vous pourroient estre vtiles & salutaires, ie ne puis que ie ne m'interesse en la ruine de vostre reputation, & en la subuersion de vostre ame, si vous demeuriez en ce chemin. Ie me veux encores persuader choses meilleures de vous, & vous coniure au nom de Dieu de vous ouurir en sa presence, & vous representer qu'il voit dans les cachettes & replis de vostre cœur, si vous donnez plus aux hommes qu'à luy, & si vous ne pensez point trop à la terre en parlant des choses celestes, qu'on dit que vous rendez si materielles. Souuenez-vous, Monsieur, que nous auons vn compte à rendre hors de ceste vie, auquel nos speculations & nos desguisemens ne seront point de mise. C'est ce qui me fait parler à vous en ceste sincerité de cœur, en laquelle ie prie Dieu qu'il rallume ses dons en vous, & vous retienne par la force de son Esprit, pour ne laisser eschapper le vostre hors de sa voye. Et sur l'esperance que i'ay qu'il vous y remettra, ie demeure,

MONSIEVR,

De la Haye le 20. Nouembre 1654.

Vostre tres-humble & tres-affectionné seruiteur,

ANDRÉ RIVET.

RESPONSE DE MONSIEVR DE LA *Milletiere à la premiere lettre de Monsieur Riuet.*

MONSIEVR,

Ie ne puis que vous remercier auec vn ressentiment de grande obligation pour la bonne & Chrestienne affection que vous me tesmoignez par vos lettres, encores que par la grace de nostre Seigneur Iesus-Christ ie soye aussi loin du sujet qui vous les a faict escrite en ces termes, que le Ciel est de la terre, ou pour mieux dire, encore des enfers. L'amour est tousiours plein de sollicitude & de crainte, c'est ce qui vous a ainsi animé sur ce faux rapport, & sur le iugement aueugle que tous font du petit escrit que i'ay mis au iour, & dont personne ne comprend ny la fin ny la raison, & neantmoins tous l'interpretent comme s'ils l'entendoient. Si la crainte & l'estonnement qui regnent par trop parmy nous, & dont le principe en la plus grand' part n'est pas bon, venant de la chair, & par le defaut de sentir assez viuement la vertu de l'Euangile, (qui est ce que l'Apostre appelle aux fideles vn esprit non de crainte, mais de courage & de sens rassis) ne precipitoyent nos iugemens, la charité sans doute feroit mieux son office, & i'en aurois en ce sujet ressenty dauantage l'effect en mes freres. Car encores que d'abord auoir proposé, comme i'ay fait, des theses dont ie requiers pour vne voye d'accommodement l'affirmatiue de la part des Euangeliques, qui ont iusques icy tenu la negatiue, ne puisse paroistre autre que paradoxe. Toutesfois qui considere de sens rassis la condition sous laquelle ie propose de les faire receuoir, qui est l'esclaircissement d'vne verité si certaine, que nul ne la heurtera, ne l'esbranlera, ny la renuersera iamais: il me semble qu'il doit soustenir son iugement, & conſiderer la choſe plus attentiuement, & s'il ne peut entrer dans la preuue que i'ay promiſe, attẽdre au moins patiemment que ie les produiſe. Or auois-je ſur tout à deſirer cela de ceux qui me cognoiſſent particulierement, & qui ont veu en ma vie, en ma conuerſation, en mes ſouffrances, l'eſpreuue de ma foy & de l'eſprit du Seigneur Ieſus. Ceux qui quittent le ciel pour la terre n'ont iamais eſté bourgeois du ciel, & ceux qui le ſont, ont meilleure cognoiſſance les vns des autres. Ceſte défiance ſubite, ceſte humeur prompte de condamner n'en eſt point. L'Apoſtre qui ſçauoit bien que c'eſt de l'affection, dit que la charite croit tout. Si elle euſt fait ſon office en ceux qui ont iugé de moy, ils euſſent creu ces paroles qu'ils liſoient en mon eſcrit. *Ipſe in Euangelicis lubens nomen profiteor meum, nec ab eorum communione Attalicis conditionibus dimoueri me patiar;* dites encores au lieu où elles eſtoiẽt dites, la charité dont parle S. Paul, & qui parloit en luy, les euſt creuës; & n'euſt pas pour vne choſe paradoxe & non entenduë, prononcé temerairement toute à l'heure, ceſt homme va faire banqueroute à la verité, ſur tout recognoiſſant que i'eſtois homme qui de la verité n'a iamais fait banque. Car le pis eſt que ceux qui ont le plus chaudement & le plus hautement parlé ainſi de moy, ſont gens à qui l'Euangile donne du pain, & qui n'ont pas conſideré que l'Euangile me l'a oſté en toute ma vie, dont tous les mouuemens & toutes les actions ont rendu teſmoignage que par la grace de mon Dieu i'ay vrayement quité le monde pour ſuiure Chriſt. Or auec ce iugement de la charite il n'euſt pas eſté malaiſe, ce me ſemble, de faire quelque reflexion ſur les propoſitions de mon eſcrit, que l'anticipation d'eſblouiſſement n'a permis à perſonne de faire. Sur cela de la primauté de S. Pierre, que n'ont-ils conſideré, au moins ceſt homme ne parle, ny de puiſſance vniuerſelle en l'Egliſe, ny de monarchie: l'eſclairciſſemẽt qu'il promet, fera-il point que ces conſequences ne ſuiuroient point des trois propoſitions qu'il veut que nous affermions? Ou s'il fait que leur verité aneantisse les consequences, quel dommage aurions-nous, ou plustost quel aduantage n'aurions-nous point de les affirmer, & en les affirmant de mette fin à toute dispute, ne restant plus de defense pour les consequences que nous en craignons? De mesme sur le suiet de l'Eucharistie, il ne met point en auant que nous affirmions qu'vn corps peut estre en deux lieux, & que les accidens peuuent demeurer sans suiet : l'esclaircissement qu'il veut donner, destruiroit-il point ces consequences, & par la verité qu'il veut monstrer, n'en osteroit-il point toute subsistance & toute raison de les croire? En ce cas quel preiudice nous seroit-ce de les affirmer? Vous sçauez, Monsieur, quelle difference il y a entre croire par coustume, ou par raison. A ceux qui croyent par coustume, quand on heurte ce qu'ils croyent, leur seule passion s'y oppose. A ceux qui croyent par raison, leur iugement agit, & ils considerent toutes les circonstances de la chose. Or ay-ie promis que lors que les Euangeliques soussigneront ce que i'ay escrit, ie le tiendray & l'accompliray, Dieu aydant. Et ie vous asseure, Monsieur, que vous en serez vn des premiers, & de ceux qui diront, Cest homme auoit ses pensees bien esloignees de celles que nous auions de luy. Cependant ie ne laisse de vous rendre grace derechef de la bonne affection que ce faux principe a esmeu en vous pour moy, vous suppliant de me la conseruer tousiours comme à celuy qui vous honore, & à vn tres-veritable & tres-ardent desir de vous tesmoigner que ie suis pour iamais,

MONSIEVR,

Vostre tres-humble & tres-affectionné seruiteur.

LA MILLETIERE.

A Paris ce dernier Nouembre 1634.

SECONDE LETTRE DE MONSIEVR
Riuet à Monsieur de la Milletiere.

MONSIEVR,

Ie viens de receuoir vostre lettre & vostre escrit, & vous ay beaucoup d'obligation, tant de l'asseurance que vous me donnez de vos bonnes intentions & de la maniere en laquelle vous auez pris la mienne, que de la communication de cette piece, laquelle ie desirois fort voir, nonobstant les extraits que i'en auois desia veu. Ie suis de ceux qui ne iugent point du cœur de leurs prochains contre leurs protestations, & encore suis bien là logé, que vous auez vn bon but, qui doit estre celuy de tous les gens de bien. Car qui n'aspireroit à l'vnité de l'Eglise, & à la reconciliation de tous les Chrestiens sous vn mesme chef duquel ils prennent le nom? Mais ie suis aussi de ceux qui croyét fermement que c'est chose à desirer, non à esperer : & que le mal est venu au poinct, qu'il est impossible d'accorder Christ auec Belial, & le Temple de Dieu auec les idoles. Et dauantage, ie tiés auec plusieurs autres, les propositions que vous faites pour cela tres-pernicieuses (pardonnez-moy si i'appelle les choses par leur nom) qui n'aboutiront iamais à vne reconciliation: Mais venant de la main d'vn personnage, *qui inter Euangelicos nomen profitetur suum*, feront prendre aux aduersaires des auantages sur nous, sans que nous nous puissions preualoir de rien de leur costé : & nous obiecteront que nos propres freres nous condamnent, & approuuent les choses que plus nous detestons en eux. Vous promettez là dessus des explications & des preuues: Mais pardonnez moy encore, si ie vous dy que vous deuiez donner cela deuant que prononcer si hardiment, & que vous auez fait comme ceux qui condamnent vn homme au gibet, & apres l'executió trauaillent au procez. Vous vous plaignez des iugemẽs qu'on fait de vous sur cela, & ie trouue que vous auriez grãde raison de recognoistre la charité de ceux qui apres ce coup esperent encore bien de vous, & l'attribuent plustost à vn egarement de vostre esprit en cela, qu'à vn mauuais dessein. Appellez-vous vne défiance subite & vne humeur prõpte à condamner, le iugemẽt des fideles sur des propositiõs telles, presentees à vn personnage de la qualité de celuy auquel vous les adressez: & la promesse que vous luy faites de nous mettre tous en ceste creãce, laquelle ne peut estre prise ny par luy, ny par nous, en autre sẽs que celuy que luy-mesme & ceux qui sentent auec luy, dõnent à vos propositions? Car si vous en apportez vn autre, il se mocquera de vous, ou vous tiendra pour vn mocqueur. Pensez vous que tout ce que la charité croit, se doiue estendre iusques aux propositiõs contraires à la foy manifestement, quand elles sont faites par vn homme qui asseure hardiment qu'il les prouuera veritables? Ceste charité renuerseroit son fondement. Mais vous protestez que vous ne voulez pour chose quelcõque quitter nostre cõmunion. Et comme par charité ie le veux prendre par la bonne anse, en d'autres aussi la prudence Chrestienne peut trop iustement soupçonner, que vous ne pouuiez ny deuiez autrement parler, pource que sans cela, & posant que vous eussiez dessein de la quitter, vous rendiez tout vostre ouurage inutile, & deslors tenu pour Papiste, estiez iustement suspect, & vos propositions reiettees. Et c'est sur cela que des personnes de merite ausquels l'Euangile n'a non plus donné de pain qu'à vous, m'ont parlé & escrit de ceste banqueroute, laquelle vous auez prise au pied leué, comme si personne ne faisoit banqueroute à la verité, sinõ celuy qui auparauant en auroit fait banque. C'est estendre la similitude trop loin: Et de cela ie croy que personne ne vous accuse, si ce n'est que quelqu'vn le prenant spirituellement, apprehende que vous n'ayez mal fait profiter le talẽt que vous auiez receu du maistre. Il est vray que vous auez beaucoup souffert, & auez suiui vn chemin espineux : mais vous sçauez qu'il y en a qui donnent leur corps pour estre bruslé, & ne sont rien, à sçauoir s'ils commencent par l'esprit, & acheuent par la chair. I'espere meilleures choses de vous, & plus conuenables à salut. Mais quelque reflexion que ie fasse sur vos theses, mesmes encores à present, apres vous auoir ouy, ie n'en puis tirer aucune consequence qui ne me fasse horreur. Vous dites qu'ils se pouuoient representer sur celles de la primauté de S. Pierre, au moins cet homme ne parle ny de puissance vniuerselle, ny de monarchie: & moy au contraire, ie vous dy que promettant à vn Cardinal de nous mener à luy en ces poincts, on n'a peu conclure autrement, sinon que vous approuuez l'vne & l'autre. Ie dy encore que la these en soy emporte la puissance vniuerselle : car ie ne puis prendre autrement ce que vous dites si expressement, *Christum in primatu Petro concesso perpetui Ecclesiæ regiminis causam potissimum spectasse*, & que *Pontifex Romanus in Ecclesia regenda merito Petri successor habetur.* Car qui ne croira que vous parlez là de l'Eglise vniuerselle ? & cela n'emporte-il pas puissance vniuerselle ? Les mots sont signes des conceptions : Ou il ne le faut pas dire ny escrire, ou il ne le faut pas trouuer mauuais, si on croit qu'vn homme tient pour veritable ce qu'il escrit estre tel : On luy feroit tort autrement. Pour les autres theses ie n'en voy aucune qui ne nous mene dans le plus raffiné Papisme : encore ne crois-ie pas qu'il se trouue beaucoup de doctes Papistes qui vueillent souscrire à celle en laquelle vous dites, *Corporalem communionem qua corpora nostra corpore & sanguine Christi fruuntur, primariam causam esse communionis eius qua animæ nostræ spiritus Christi fiunt participes.* Cela me semble si hors de raison, que ie m'estonne comme vous l'ayez peu conceuoir. Car en la vie spirituelle & eternelle l'esprit tire le corps à soy, non le corps l'esprit, au contraire de la vie temporelle. En somme i'estime que vous ne trouuerez entre ceux qui veulent persister en nostre commu-

nion

nion, vn seul qui soit de vostre auis, & que vous auez tort de nous demander sur ces choses vne suspension de iugemens. Ce n'est point assez qu'en l'Eucharistie vous n'affermiez point qu'vn corps peut estre en deux lieux, & que des accidens peuuent demeurer sans sujet: il y en a d'autres qui le nient formellement auec nous, & qui posent des maximes touchant le corps de Christ, plus dangereuses que ceste chimere. I'aduoüe, Monsieur, qu'il y a difference entre croire par coustume & par raison: Mais ie sçay aussi qu'il y a de l'imprudence tres-grande à croire sans raison & contre raison: en quoy ie ne separe point la parole de Dieu de la raison, laquelle en ces choses m'est pour toute raison. Si vous en donniez par elle ausquelles ie ne peusse resister, la passion ne s'y opposeroit pas: ie les embrasserois auec passion. Mais ie crains que *apud te sola personet veritatis pollicitatio*, pour ce regard. Ie ne iuge point de vos pensees: mais si elles sont autres que vos theses, quand vous les aurez expliquees, ie pourray bien estre des premiers qui diront: Les pensees de cét homme sont bien esloignées des theses qu'il a proposees. Et certes, Monsieur, ce sera le meilleur que vous en esloigniez vos pensees, & que vous ne vous flattiez point en vne opinion qui sera vaine, de pouuoir approcher des choses si esloignees. Il vous en arriueroit comme à d'autres qui se sont trouuez entre le ciel & la terre, & n'ont tiré gré ny d'vne part ny d'autre. Ie ne puis que ie ne m'en formalise pour vous, vous aymant & honorant comme ie fais. Et me fait grand mal, apres vous auoir veu courir au chemin de la verité, de vous voir & oüir en vne autre lice, & parler vn langage si estrange. Ie sçay bien que tout ce que ie vous pourrois escrire est peu, ou rien, au prix de ce que vous pouuez mieux entendre où vous estes. Mais neantmoins ie ne me puis taire, & mon desplaisir rompt mon silence, mesmes enuers vous: mais sur tout enuers Dieu, lequel ie prie qu'il ne permette point en vous l'extinction de ses dons, mais qu'il renouuelle son Esprit en vous, pour vous desiller les yeux, & vous faire apprehender l'horreur de ce precipice au bord duquel vous vous trouuez, & où vous faites fort de nous attirer. Dieu nous en garde, & vous en destourne. Ie l'espere de sa bonté, pource que ie n'ay nulle opinion que la malice ait peruerty vostre cœur, & seray tousiours du plus entier du mien,

MONSIEVR,

Vostre tres-humble & tres-affectionné seruiteur.
ANDRÉ RIVET.

De la Haye ce 12. Decembre 1634.

RESPONSE.

MONSIEVR,

Vostre seconde lettre ne m'a esté moins agreable que vostre precedente, y remarquant tout de mesme l'impression de l'affection dont vous m'honorez, par la perplexité que ie recognois par tout vostre style & vostre discours de l'euenement de mon dessein. Sur quoy ie vous diray, que si vous cognoissiez les moyens, vous seriez en aussi grand repos que vous en conceuez de peine & d'apprehension d'inconuenient. Ie ne tarderois gueres à vous en tirer, si ie n'estois obligé par diuerses raisons necessaires de ne satisfaire aucun particulier sur ce sujet plustost que le general, ce que Dieu aydant ie feray le plus diligemment qu'il me sera possible. Et cependant ie vous diray que vous ne deuez craindre qu'il m'auienne de tromper ny l'vn ny l'autre des partis, ausquels i'ay fait esperer l'esclaircissement d'vne verité, laquelle recogneuë fera que tous les Euangeliques affirmeront de bon cœur, & vous le premier, toutes les propoſitions que i'ay couchees par eſcrit ſans equiuoques. Car elles ſont vrayes, toutes d'vne verité neceſſaire : & pour celles qui concernent le Sacrement de l'Euchariſtie tres-ſalutaires. A la verité les conſequences que nous en tirons contre les Catholiques, pour les combattre par abſurdité, contiennent des propoſitions fauſſes & abſurdes. Auſſi n'y a-il point de Catholique qui ne vouluſt eſtre deſchargé de l'obligation de les defendre, comme ainſi ſoit que quand ils viennent aux priſes auec nous ſur ceſte controuerſe, ils defendent bien & hardiment toutes les propoſitions que i'ay couchees, ſoit par la raiſon des paroles du Seigneur, ſoit par l'authorité des Peres, qui parlent ce meſme langage. Mais quand ce vient à ces autres conſequences, ils ne trouuent plus rien, ny en l'Eſcriture ny dans les Peres qui les ſecoure. La raiſon eſt, que ces conſequences naiſſent d'vne hypotheſe fauſſe qu'eux & nous accordons & preſuppoſons communement pour veritable. C'eſt l'endroit où il eſt beſoin de l'eſclairciſſement que i'ay promis, & que la verité fera l'accord, du moins ſi autre intereſt ne l'empeſche, où elle mettra fin à toute raiſon & apparence de diſpute en ceſte matiere. C'eſt ce que vous deuez attendre, Dieu aydant, de l'euenement de mon proiect. Or comme les Catholiques deuroient eſtre bien contens de n'auoir plus à ſouſtenir des propoſitions qu'ils recognoiſſent ne ſeruir de rien à la matiere, & où eux-meſmes ſe iugent deſtituez de tout ſecours, que de la ſeule ſubtilité, où la neceſſité a ietté les Scolaſtiques, ennuyeuſe & odieuſe à toute perſonne de bon ſens, auſſi les Euangeliques de noſtre confeſſion ne deuront pas eſtre marris, quand par l'eſclairciſſement de la verité que i'ay promis, & en ſuitte par l'approbation des theſes que i'ay propoſees, ils ſe verront hors de la peine qu'ils ont iuſques icy à ſe defendre contre trois ſortes d'argumens que font nos aduerſaires, à quoy nul des noſtres n'a iamais ſatisfaict, & ne le pouuons aussi selon nostre hypothese de la seule communion à la chair de Christ par la foy. Car par là il s'ensuit premierement, selon la definition que nous donnons de ceste communion, que nous establissons en ce que l'esprit de Christ qui entre & habite dedans nous, est receu par foy & repentance: il s'ensuit, di-ie, que communiquer à l'esprit de Christ, est la mesme chose que communier à la Chair: & par consequent que quant Christ a parlé de sa chair il a entendu son Esprit, qui est donner à ses paroles vn sens plein d'illusion & indigne de sa sagesse, si quelqu'vn veut admettre quelque distinction entre la communion à l'esprit de Christ & la communion à sa chair, qu'on le somme de l'expliquer, il se trouuera court & tout ce qu'il dira de l'vn reuiendra tousiours à ce qu'il dira de l'autre. S'il appelle nostre communion à la chair de Christ, l'acte de la grace par laquelle nostre foy reçoit de la misericorde de Dieu selon ses promesses, la remission de nos pechez & la vie eternelle, qui nous ont esté meritees par le crucifiement de ceste chair: premierement l'acte de ceste grace ne peut estre distingué de la participation à l'esprit de Christ, par laquelle nous sommes vrayement mis en possession de ses benefices. Secondement ceux qui parlent ainsi, confondent le fruict de la communion à la chair de Christ auec la communion mesme. Car tout ce que nous a merité le crucifiement de ceste chair, est le fruict que nous tirons de la communion à icelle, selon l'expresse sentence du Seigneur, *Qui mange ma chair a vie eternelle.* L'vn est le fruict de l'autre, confondus necessairement par tous ceux qui n'admettent autre communion à Christ que par la seule foy. Vous sçauez, Monsieur, que le bon & bien heureux Caluin, preuoyant ceste consequence, & taschant de s'accommoder au plus prés qu'il pouuoit de la doctrine de Luther, a fait ce qu'il a peu pour establir vne distinction entre croire & entre manger la chair de Iesus-Christ: ce qui toutesfois n'a abouty qu'à vn enuелoppement de langage qui ne definissoit & n'esclaircissoit rien, retombant apres vn long circuit à dire que c'est vn mystere ineffable, & qui ne se peut comprendre. Il eust donc autant valu n'en parler point du tout, que d'en parler pour ne l'expliquer point, & pour ne le faire entendre à personne. Aussi n'a-il iamais peu faire gouster ce qu'il en a dit aux Eglises qui auoient receu la doctrine de Zvvingle, & ne se trouue quasi aujourd'huy aucune de nos Escoles & de nos chaires qui l'admette: tous reuenans à la maniere d'enseigner de Zvvingle, qui veut que croire & manger la chair de Christ soit vne mesme chose. Le second argument est, que par la seule communion par la foy & spirituelle est aneantie toute la raison de l'institution du Sacrement en laquelle on ne peut apperceuoir selon cette hypothese aucune raison conuenable à la sagesse de Christ. Pource que la foy reçoit en la parole de l'Euangile preschee, l'object tout entier qu'elle cerche pour la communion spirituelle, comme nous le confessons tous. Ainsi l'adionction du pain & du vin mangez & beus n'y peut rien contribuer dauantage, & par consequent seroient inutiles selon cette hypothese, qui est chose indigne de la sagesse de Christ, qui les a instituez, & qui ne fait rien en vain. Nos defenses contre cela ne sont rien du tout. Car de dire qu'ils ont esté adioustez à la fin, que par l'action visible nostre foy est confirmee en la mesme chose qu'elle reçoit par la parole intelligible, c'est dire moins que rien. Car la manducation du pain & du vin, & toute la ceremonie d'icelle ne peut auoir en ceux qui y participent aucune raison ny object de la fin à laquelle on veut qu'en cette maniere ils soyent destinez, c'est à dire de la communion spirituelle, qu'autant qu'ont desia de cognoissance & de foy ceux qui les reçoiuent. Ils ne confirment donc point leur foy: Car tout ce qui reçoit toute sa vertu & sa raison de quelque chose ne peut estre vertu, ny cause de subsistance pour la chose mesme. Aussi n'y a-il homme qui examine sa propre conſcience, qui dit qu'il croit mieux & dauantage que Chriſt eſt mort pour nous, & nous a rachetez de la malediction, lors qu'il prend le pain & le vin de la Cene, où apres l'auoir pris, qu'il le croyoit ayant auparauant ouy la predication de l'Euangile. Tout de meſmes eſt-ce qu'on dit, que les Sacremens ſont des ſeaux adiouſtez à la parole pour la confirmer. Car la manducation du pain & du vin ne peut tenir ce lieu ſelon l'hypotheſe de la communion par la ſeule foy. La nature des ſeaux eſt telle, que la patente, à laquelle ils ſont appoſez, n'a aucune vertu ny effect pour laquelle elle eſt deſtinee, que lors qu'ils y ſont adiouſtez. Mais nous recognoiſſons que pour la manducation par la foy, la parole a ſa vertu & ſon effect tout entier, ſans que la manducation du pain & du vin y ſoit adiouſtee. Elle n'eſt donc point ſeau de la parole. Auſſi iamais n'eſt-elle ainſi appellee dans l'Eſcriture, & ce nom ne luy peut conuenir en façon quelconque. Ce que pour l'authoriſer on ſe ſert de l'exemple de la Circonciſion, appellee ſeau par l'Apoſtre, ruine l'intention de ceux qui s'en ſeruent. Car cette marque exterieure eſtoit bien veritablement ſeau de l'alliance temporelle, pource que nul ne pouuoit ſans icelle eſtre heritier, comme race d'Abraham en la terre promiſe. Mais en l'alliance ſpirituelle, le ſeul Sainct Eſprit eſt appellé ſeau en toute l'Eſcriture, non aucune choſe periſſable & temporelle en la participation à icelle. Ainſi on ne peut ſelon l'hypotheſe de la communion par la ſeule foy, rendre aucune raiſon de l'inſtitution du Sacrement, conuenante à la ſageſſe de Chriſt, & à la neceſſité de les inſtituer. Et c'eſt la cauſe pour laquelle les Catholiques & Luther auec eux nous appellent Sacramentaires, comme deſtruiſans & aneantiſſans ſelon noſtre hypotheſe de la ſeule communion par la foy toute la raiſon de l'inſtitutiō du Sacrement. Dequoy pour en parler naïuement & ſincerement nous ne pouuons pertinemment nous defendre. Le troiſieſme genre d'argument est celuy qu'ils tirent des passages des Peres, qui distinguent formellement la communion qu'ils appellent naturelle, reelle & corporelle, d'auec la communion par la seule foy, comme des autres lieux où ils parlent de cômuniquer à la chair du Seigneur corporellement & charnellement, & de l'auoir en nostre corps & en nostre chair: & non seulement spirituellement en nostre ame. Vous sçauez par cœur, Monsieur, les lieux de Sainct Hilaire, & de Sainct Cyrille d'Alexandrie & autres, à quoy nul des nostres n'a iamais donné de solution qui s'accorde, ny auec les paroles, ny auec le sens de ces Peres. Car ce que quelques-vns de nos derniers escriuains se sont seruis d'vne explication fondee sur l'opinion qu'ils attribuent aux Peres, d'auoir creu que le pain & le vin du Sacrement par la consecration sont remplis de la mesme vertu qui est en la chair & au sang de Christ, & par là faicts equiualens de la chair & du sang de Christ mesme, & pour raison dequoy ils en ont aussi le nom, c'est vn pauure recours pour nostre cause, Car par ce moyen nous faisons tousiours les Peres (à la croyance desquels nous professons d'adherer dans les quatre premiers siecles) autheurs de la necessité de communiquer corporellement & charnellement, ou à la chair & au sang de Christ, ou à l'equiualent de la chair & du sang de Christ mesme. Surquoy on nous peut demander à bon droict, pourquoy nous estimons que les Peres ayans creu la necessité de cet equiualent, auroiét fait difficulté de croire que Dieu nous donne la propre chair & le propre sang de son Fils à manger par la bouche, plus que de faire le pain & le vin par l'infusió de cette vertu equiualens de la chair & du sang, afin qu'estans mangez par la bouche ils nous sanctifient. Car d'alleguer des absurditez qui s'ensuiuroyent de la presence de la propre chair & du propre sang, il n'y en a pas de moindres en cet equiualent si on le presse. Et au bout du conte les paroles de Christ sont plus pour la premiere pensee que pour la seconde. Et quoy qu'il y ait, c'est tousiours le pareil auantage pour les Catholiques & contre nous. Pour les Catholiques en ce que par cette raison subsiste la necessité de communiquer à Christ selon l'intention de son institution, par vn contract physique & corporel, & de receuoir par la bouche cela mesme qui nous sanctifie, qu'il appelle sa chair & son sang. Contre nous, pource qu'ainsi la seule communion par la foy n'est plus celle que nous auons au Sacrement, ny la seule necessaire pour nous sanctifier. Et à vray dire entre croire la manducation de la chair & du sang de Christ par la bouche & cet equiualent ie n'en irois pas du banc au feu. Et ne pense pas que personne peust dire que le choix de l'vn à l'autre valust la peine de se diuiser. Autrement cela nous meine à la necessité de confesser, ou que nous serions diuisez des Peres des quatre premiers siecles qui croyoient ainsi, ou que nous auons tort de nous diuiser des Catholiques d'auiourd'huy sur le Sacrement de l'Eucharistie. Apres cela, Monsieur, voyez que c'est d'estre amoureux de nos opinions. Car ceux qui escriuent des gros volumes sur ceste matiere, qu'ils emplissent de ces belles inuentions, croyent auoir fait beaucoup pour nostre cause: que sera-ce s'ils rencontrent des gens qui les sçachent mener par le chemin où le bon sens les peut conduire? Or ie vous escri ceci librement, afin qu'estant amateur de la verité, comme vous estes, vous iugiez & cognoissiez maintenant plus clairement, que vous ne deuez point auoir mauuaise attente du dessein d'vn homme qui veut desembarasser nostre cause de toutes ces opinions, ce qui ne se peut que par la claire intelligence de la verité, qui donne vne subsistance tres-certaine, tres-euangelique, tres-consolatoire & tres-salutaire à toutes les propositions que vous lisez en mon escrit sur ce sujet, & sur lesquelles vous dites que vous ne pouuez encores faire de reflexion qui ne vous face horreur. C'est l'hypothese fausse que vous auez en l'esprit qui vous donne cet ombrage. Ie vous l'en tireray, Dieu

aydant,

aydant, & à tous autres, & ce par preuues tres-claires de la parole de Dieu, lesquelles ie suis bien asseuré que vous embrasserez auec passion, comme le promettez. Et qu'en suitte vous me continuerez de bon cœur ceste mesme affection que vous auez à m'aimer, comme ie feray toute ma vie celle de vous honorer & cherir, & de me dire à iamais,

MONSIEVR,

Vostre tres-humble & tres-affectionné seruiteur,
LA MILLETIERE.

A Paris ce 23. Decembre 1634.

TROISIESME LETTRE DE MONSIEVR Riuet à Monsieur de la Milletiere.

MONSIEVR,

Ie voy bien que vostre persuasion est trop forte, & vostre dessein trop formé, & vostre engagement trop auant pour ceder aux auis de vos freres & amis. Mais la mienne n'est pas moins forte, & à mon auis mieux fondee, pour demeurer en ceste creance que vous n'atteindrez iamais le but que vous dites vous proposer, & n'en sortirez pas auec honneur. Vos dernieres m'y confirment encore, & me font voir que c'est perdre peine d'en conferer dauantage auec vous, puis que vous ne trauaillez maintenant qu'à destruire, non à edifier, & ne vous voulez pas ouurir sur les moyens que vous dites auoir de contenter les parties. Aussi certes vous est-il impossible, demeurant és termes de vos theses, & par l'eschantillon que vous me donnez sur le poinct de la manducation corporelle, ie ne puis voir autre chose, sinon que au fonds vous estes Papiste, & prenez en main la cause de ceux que vous appellez Catholiques absolument, qui est desia vn tesmoignage de vostre syncretisme auec eux, & pretendant de fortifier trois de leurs principaux argumens, vous nous allez donner vne nouuelle doctrine des Sacremens en general, & de la nature de la foy, par où ie preuoy que vous allez, selon vostre pouuoir bouleuerser de fonds en comble toute la structure de la Theologie enseignee parmi nous. Neantmoins tout ce que vous gagnerez, c'est qu'on verra qu'vn homme qui se dit demeurer en nostre communion n'aura rien de commun auec nous : & si vous ne vous expliquez mieux en vostre grand œuure, nous ne pouuons esperer cette clarté que vous nous promettez, & se trouuera assez de gens qui feront voir à d'autres, si vous ne le pouuez apperceuoir, que vous n'auez entendu ny la doctrine de nos Eglises en ce poinct, ny celle des Peres, & tireront plus d'absurditez de vos nouueaux & iusques icy incognus moyens, que vous n'en pretendez en la doctrine des Transsubstantiateurs, ou des Consubstantiateurs, ou de la nostre, tant que vous voudrez en ce poinct commencer par la chair, & acheuer par l'esprit. Car ie sçay que vous ne pouuez nous donner vne manducation reelle par laquelle *corpus & sanguis Christi corpore ipso corporaliter accipiatur à fidelibus*, comme vous parlez, qu'elle ne leur puisse estre commune auec tous les communians exterieurement, quoy qu'infideles occultes & contempteurs de Dieu, comme aussi vous le confessez en vostre quatriesme these : & ne puis m'imaginer comment vous pouuez par autre moyen que la transsubstantiation nous donner vne vraye & reelle mutation du pain & du vin au corps &

au ſang de Chriſt, par laquelle au lieu de pain & de vin (qui par conſequent ne ſeront plus) nous prenions ce corps & ce ſang vrayment & reellement, c'eſt à dire, comme vous vous expliquez, corporellement. Et c'eſt là où i'ay plus de raiſon de dire, qu'entre croire la tranſſubſtantiation des Papiſtes, & ce que vous enſeignez de ce changement, ie n'en irois pas du banc au feu. Au reſte niant abſolument comme vous faites, que par la foy nous ayons communion à la chair de Chriſt, vous l'oſtez à tous ceux qui ou par le defaut de l'aage, ou par autre inconuenient meurent ſans participer au Sacrement, leſquels ne pourront auoir de vie en eux ne mangeans point la chair & ne beuuãs point le ſang de Chriſt, s'ils ne le peuuent manger & boire par la ſeule foy. Il ſe trouuera d'autres inconueniens innombrables, par leſquels vous verrez, ou d'autres moins preoccupez, que vous ſerez bien eſloigné de voſtre conte. Il me faudroit faire vn liure dés à preſent pour deſuelopper tout l'embarras de ceſte preuarication auec les Papiſtes, en laquelle vous leur donnez gagné en trois ſortes d'argumens qu'ils font contre nous: & cela ne pourroit pas eſtre compris en vne lettre. Puis que vous pretendez que nul des noſtres n'y a iamais ſatisfait, à voſtre eſgard, ie ne preſume pas de le pouuoir faire. Mais quant à moy ie ſuis pleinement ſatisfait de ce qu'ils m'en ont appris par la parole de Dieu: & ne voy pas ce que vous voyez, que ce ſoit donner aux paroles de Chriſt vn ſens illuſoire & indigne de ſa ſageſſe, ſi nous diſons que par l'eſprit de Chriſt nous auons communion auec ſa chair & ſon ſang. Car il ne s'enſuit pas de là, comme vous inferez, que Chriſt par ſa chair ait entendu ſon eſprit, mais qu'il a entendu ſa chair morte pour nous, & ſon ſang eſpandu pour nous, deſquels il nous fait participans par la participation que nous auons auec ſon Eſprit qui n'en peut eſtre ſeperé. Et en l'explication de cela il n'y a point dequoy ſe trouuer court. Et ainſi nous ne confondons point, comme vous ſuppoſez mal, le fruict de la communion auec la cõmunion meſme, nous les distingons comme la cause & l'effect, mais nous les conjoignons inseparablement. Caluin n'a point eu de peine à faire distinction entre croire & manger la chair de Christ, & n'a point eu autre sentiment que Zvvingle sur cela, quoy que vous disiez, comme il est aisé à prouuer par les escrits de l'vn & de lautre. Mais il a bien sceu distinguer les actes de la foy, qui regardent l'intelligence seulement d'auec ceux qui sont conjoints auec l'acte de la volonté, & l'application interieure d'vn chacun fidele enuers cet obiect, non seulement proposé comme veritable en soy, mais comme bon & receuable par nous. Que si Caluin a quelquesfois parlé de cela comme d'vne chose inexplicable, il ne l'a pas entendu absoluement, mais selon la dignité & excellence de la chose, comparee à la foiblesse de nostre entendement. Quant à l'vtilité des Sacremens, nonobstant la vertu & l'efficace de l'Esprit en la parole seule, il n'y a rien si aisé qu'à dire que nos defenses sur cela ne sont rien du tout. Neantmoins elles sont telles que vous ne les effleurez pas seulement: & vous vous trópez de dire, qu'on ne croit pas mieux ou dauãtage par l'vsage du Sacrement, si vous prenez ce mieux à l'esgard des degrez de croyance applicatiue. Car autrement aussi ne faudroit-il point nous repeter la predication de l'Euangile apres l'auoir vne fois ouïe & receuë. Mais les Sacremens ont cela de propre, qu'ils nous portent à vne application speciale de la chose creuë & receuë, auec analogie au fruict singulier que nous en tirons, naissans spirituellement & estans spirituellement nourris & substantez à vie eternelle. Ce que vous niez que nos Sacremens soient seaux, a aussi esté nié par Belarmin, mais aduoüé par Gregoire de Valence. Et vous ne destruisez pas cela en disant que la parole a son effet sans cela: car aussi la grace accordee par la seule parole du Roy a son effet en ma creãce sans le seau, mais outre ce que le seau la cófirme aux autres, il dóne le moyen à celuy qui l'a receu de s'en preualoir plus auantageusement. Vous respódez mal à l'argumẽt tiré de la circõcision appellee seau par S. Paul, rapportant cela à l'alliance téporelle de laquelle elle estoit marque exterieure. Car l'Apostre l'appelle expressement seau de la iustice de la foy. Or la iustice de la foy n'est pas d'vne alliance téporelle. Par ainsi il nous sera aisé, sans que la chair de Iesus Christ soit mise entre nos dents & des plus meschans du móde materiellement, cóme vous dites, à dóner de bónes raisons de l'institutió des Sacremés, pour aider à nostre infirmité, & marques de nostre professió Chrestienne, cóme propres aux domestiques de Christ. Quãt à la doctrine des Peres, c'est vne chose de longue haleine, & ceux desquels vous soufflez en peu de mots les grands & doctes labeurs, se sçauront bien defendre de vos consequences, lors que vous aurez fait voir comme vous les sçauez manier. Mais puis que vous nous remettez à la satisfaction que vous voulez donner au public, il nous faudra attendre vostre loisir, & cependant tenir ferme ce que nous auons, afin que nul ne nous rauisse nostre couronne. Et pleust à Dieu qu'il n'eust point permis que vous eussiez flestry la vostre, & qu'elle ne parust point n'auoir esté composee que de fleurs qui se fenent, & non de l'or & des pierreries de la parole de Dieu qui demeure eternellement. Mais le Seigneur est misericordieux, lequel bruslant vostre bois, foin & chaume, vous sauuera, s'il luy plaist, comme par le feu, afin que par la perte de vostre mauuais ouurage, vous soyez cóme vn tison recoux, & que cela n'empesche pas vostre salut eternel. Ce que ie luy demanderay ardemment. Et quoy que ie ne puisse iamais approuuer vostre procedure, ny vos conceptions, ie ne laisseray d'estre toute ma vie,

MONSIEVR,

De la Haye ce 15. iour de l'an 1635.

Vostre tres-humble & tres-affectionné seruiteur,
ANDRÉ RIVET.

LETTRE DE MONSIEVR DV MOVLIN à Monsieur de la Milletiere.

MONSIEVR,

I'ay receu vostre liure, duquel la lecture m'a apporté vne grãde tristesse. Vous ayant estimé homme zelé à la cause de Dieu, & n'ayant faute d'instruction en la voye de salut, ie voy en vostre liure tout le contraire de ce que ie croyois. Car vous y faites des propositions qui ne peuuent partir que d'vn hõme qui non content de s'estre destourné de la verité, tasche d'abondãt à troubler nos Eglises par des moyens d'accord, ausquels nous ne pourriõs entendre sans renoncer entierement à la doctrine de l'Euangigile, & nous soüiller d'idolatrie, & nous sousmettre entierement à l'Empire du Pontife Romain. Et pour comble de mal, vous parlez comme estant persuadé que pas vn des nostres ne contredira à vos propositions, & que chacun y apportera son approbation. I'estime que l'experience vous a desia osté ceste opinion. Car depuis que vostre liure est publié, ie ne pense pas que vous ayez trouué entre nous vn seul approbateur, ains auez recognu que generalement vostre dessein est condamné, non seulement par les nostres, mais aussi par ceux de contraire Religion. Qui disent que ce fardeau est trop pesant pour vos espaules, & qu'en vain vous promettez de faire vne chose, dont les feux & les massacres, & toute la force & prudence des grands de ce monde n'a peu venir à bout. Car si vos propositions sont receuables, il s'ensuit entierement que la Messe est bonne & saincte, & que ceux qui n'y vont point & ne s'assujettissent point au Pape, ne peuuent estre sauuez. Se sont trouuez par cy-deuant des moyenneurs d'accord, qui pour s'insinuer plus plausiblement faisoient faire à l'vne & à l'autre partie, vne partie du chemin, & estoiét d'aduis que le Pape relaschast certains poincts qui offensent le peuple, comme est le retranchement de la coupe, le seruice en langue non entendue, l'adoratiou des Images, les pardons de cent mille ans: & que le Pape s'abstint de ces tiltres odieux de Dieu & Majesté diuine, & de se faire adorer, & bailler ses pieds à baiser aux Rois, & de disposer de leurs Couronnes: & que desormais il ne se vante plus de pouuoir changer ce que Dieu ordonne en sa parole, & dispenser contre l'Apostre: Se promettans que si le Pape pouuoit se relascher en ces choses, nous ferions aisément le reste du chemin. Mais vous n'y allez pas ainsi. Car vous proposez des moyés d'accord, sans trouuer rien à reprendre en tout le corps du Papisme, & ne proposez rien qui y doiue estre changé. Ains vous nous obligez simplement & absolument à renoncer à nostre Religion, & à croire la Transsubstantiation, & à receuoir le sacrifice de la Messe, & à recognoistre le Pape pour chef de l'Eglise Vniuerselle, & successeur de sainct Pierre en ceste primauté. Au bout de tout cela, faites des protestations de vouloir perseuerer en nostre Religion, c'est à dire, d'estre des nostres en seruant au Pape, & en approuuant la Messe, comme bonne & necessaire. Tenez cela pour constant, que pendant que vous tiendrez ces maximes, toutes vos protestations de perseuerance seront prises pour mocqueries; ou pour vn moyen d'endormir & amuser ceux qui seroient capables d'estre trompez. Si vous eussiez esclos ce dessein extrauagant ailleurs qu'en la Cour, & n'eussiez employé plus des trois quarts de vostre liure à descrire les loüanges de Monsieur le Cardinal, on eust peu penser que c'est la conscience, ou faute d'intelligence en ces matieres qui vous a suggeré ces choses. Mais vostre liure n'estans qu'vn panegyric de loüanges, en vn stile empoullé, par lesquelles vous loüez vne personne dont vous briguez la faueur, il est aisé de reconnoistre que vostre dessein est de nous rendre odieux à son

Eminence. Car ſçachant que vos propoſitions ſeront generalement reiettees par les noſtres, vous eſperez que Monſieur le Cardinal iugera de nous comme de perſonnes irreconciliables, & qu'il faut attaquer par autre moyen: Ou que vous ietterez parmy nous les ſemences de diſcorde, les vns enclinans, les autres contrediſans à vos propoſitions. Or ſuis-je aſſeuré que vous y trouuerez vne reſiſtance generale, & que continuant en vos procedures, vous encourrez la riſee des vns, & l'execration des autres. Nous ſçauons voirement que Monſieur le Cardinal eſt vne perſonne à laquelle tout bon François doit tout honneur & obeïſſance, comme au principal Miniſtre de ſa Majeſté, & qui eſt aujourd'huy en l'Europe vn exemple incomparable de prudence & de vigilance & de magnanimité, entre les mains duquel proſperent les affaires du Royaume par vne ſinguliere benediction de Dieu. Lequel quand nous louërons, nos loüanges ſeront creuës, pource qu'elles ne ſeront point mercenaires. Mais il eſt trop clair-voyant, pour n'apperceuoir point le but où vous viſez, & ne cognoiſtre point que vous prenez mal vos meſures, penſant nous entraiſner, & nous faire changer de creance par voſtre authorité. Car quand vous ſeriez auſſi grand que vous eſtes petit, ſi eſt-ce que tout homme bien ſenſé a touſiours iugé que toute conference pour trouuer moyen d'accord eſt inutile. Pource que le Pape ne reçoit aucune conference ny communication s'il n'y preſide. Que ſi quelque conference ou Concile ſe faiſoit ſans qu'il l'aſſemblaſt ou y preſidaſt, la ſeule conuocation de telle conference, deſpoüilleroit le Pape de ſon authorité. Et touſiours il ſe reſerue la puiſſance de caſſer & annuller toutes deciſions & concluſions priſes en Concile ſans ſon authorité. Ioinct que c'eſt vne maxime fondamentale de la Religion Romaine, que le Pape & l'Egliſe ne peuuent errer en la foy. Laquelle maxime on ne peut entamer, ny recognoiſtre qu'il y ait aucun erreur en la doctrine de l'Egliſe Romaine

maine, sans sapper les fondemens de ceste machine, & rendre tout le reste incertain: Celuy qui dit, *Ie ne puis errer*, est bien loin de moyenner vn accord. Mais si en la conference que vous proposez, le Pape y preside par personnes dependantes de son siege, ce seroit vne folie à nous d'en attendre autre chose que nostre condamnation. Toutesfois par vostre bel esprit vous auez trouué vn expedient excellent pour faire que ceste conference reüssisse, qui est que nous nous condamnions nous mesmes auant que d'y entrer. Cependant en ne proposant vos moyés d'accord que sur la Messe & sur la puissance du Pape, & ne declarant pas quel est vostre sentiment sur le Purgatoire, sur l'inuocation des Saincts, sur l'adoration des Images & des Reliques, & sur la puissance du Pape à deposer les Rois, vous vous rendez à bon droict suspect à l'Eglise Romaine. Car quand on sera entré en conference sur les moyens d'accord, peut-estre que vous, qui serez assis entre les deux parties, comme moderateur, vous declarerez contraire au Pape en ces poincts, & ferez receuoir vn affront à sa Saincteté. C'est pourquoy vous eussiez fait prudemment de publier vostre creance sur tous les poincts de nos controuerses, afin que vostre sentiment seruist de regle à l'vn & à l'autre parti. Me representant toutes ces choses en mon esprit, ie trouue en vous vn merueilleux changement. A esté vn temps que vous incitiez nos Eglises à violence, & par vos conseils precipitez auez attiré sur elles le courroux de leur Souuerain. Maintenant estant porté tout à coup à vne autre extremité, vous taschez de nous ietter en la seruitude de conscience, & vous faisant de feste sans adueu, taschez de faire parler de vous à nos despens, deschirant le ventre de vostre mere, & persecutant la Religion en laquelle vous declarez que vous voulez viure & mourir. Tout ainsi donc que i'ay tousiours improuué grandement vos conseils turbulens, lesquels ont fait plus de mal à nos pauures Eglises que iamais le Pape ne leur en a fait auec toute sa puissance, aussi ne puis-je m'empescher de condamner entierement vos propositions erronees & vos conseils qui ne tendent qu'à mal: & suis asseuré que les matieres de Theologie vous reüssiront aussi mal que les affaires d'Estat vous ont reüssi. Et ce Latin bouffi & entortillé, parsemé d'incongruitez dont vostre liure est tissu, nous est vn certain augure que tout cela ne sera que du vent, & se tournera en fumee. Toutes ces considerations, & la souuenance de nostre ancienne amitié m'a meu à vous representer ces choses, & à vous exhorter tant que ie puis, à ne laisser point deperir en vous la pieté & la crainte de Dieu que vous auez succee auec le laict, & dont ie pense auoir veu des marques en vous, lors que i'estois à Paris. Ie voy bien que Satan est autour de vous, pour vous perdre & pour nous troubler. Il faut que scandale aduienne: Mais malheur à celuy par qui il aduiendra. Dieu vous a deliuré de grands maux, durant lesquels vous auez perseueré constamment en la profession de l'Euangile. Sera-il dit que l'air de la Cour ait fait en vous ce que n'a peu faire vne longue captiuité? & qu'estát sorty de ces espreuues, vous soyez emporté de vanité, taschant d'acquerir de la renómee au lieu de la loüange? Pensez-y, & apprehendez la iustice vengeresse de Dieu, qui cognoist nos secrettes intentions, & ne pardonnera point à celuy qui estant vn des membres de son Eglise, prend plaisir à adiouster affliction à l'affligee, & s'esgaye parmy les ruines de sa maison. Dieu vous face misericorde, & vueille affermir vos pieds en ses sentiers, afin que vous acheuiez heureusement ceste course, plustost participant à l'opprobre de Christ, qu'au salaire d'iniquité. Vous prendrez, s'il vous plaist mes exhortations en bonne part, cóme procedantes d'vne personne qui souhaite vostre bien & salut, & qui vous ayát aimé & honoré, desire le faire encore cy-apres, & demeurer,

MONSIEVR,

De Sedan ce 9. de Ianuier 1635.

Vostre tres-humble & tres-affectionné seruiteur

DV MOVLIN.